Dr. Astrid Kopp-Duller

Der legasthene Mensch

Hat Ihr begabtes Kind Schwierigkeiten beim Lesen, Schreiben oder Rechnen?

Was Lehrer und Eltern über Legasthenie und Dyskalkulie wissen sollten!

Für legasthene Menschen:

In diesem Buch findet man im Anschluss an jedes Kapitel eine Zusammenfassung. Damit wird es speziell Menschen mit Leseschwierigkeiten erleichtert, dieses Buch durchzuarbeiten.

Der Einfachheit halber und um das Lesen einfacher zu gestalten, hat die Autorin zumeist auf die laut Gender-Mainstreaming übliche Schreibweise verzichtet und die männliche Form verwendet. Angesprochen sind natürlich sowohl männliche als auch weibliche Personen.

Mein Dank gilt ...

den vielen legasthenen und dyskalkulen Menschen, mit denen ich arbeiten durfte, deren schulisches Leid mich bewegte und deren Fähigkeiten meine besondere Bewunderung gilt

meiner Tochter Livia, die mir auch bei diesem Buch tatkräftig zur Seite stand

meinen lieben Freunden Aimee und Peter Christian, unter deren fürsorglicher Obhut ich meine Autorenarbeit in Florida tätigte, wo der größte Teil dieses Buches entstanden ist

und allen Menschen, die mitgeholfen haben, dass das Buch in der vorliegenden Form erscheinen konnte.

Dr. Astrid Kopp-Duller

Der legasthene Mensch

KLL - Verlag

ISBN 978-3-902657-08-4

Originalausgabe: Klagenfurt, November 1997
2. erweiterte Auflage: Klagenfurt, Juni 1998
3. erweiterte Auflage: Klagenfurt, Februar 2001
4. erweiterte Auflage: Klagenfurt, April 2004
5. überarbeitete Auflage: Klagenfurt, März 2010

KLL-Verlag
Feldmarschall Conrad Platz 7
A-9020 Klagenfurt
Austria
Tel./Fax: 0043 463 55660
Email: office@legasthenie.com
Internet: www.legasthenie.com
Buch: http://www.Der-legasthene-Mensch.com

Umschlag, Grafiken, Layout:
Mag. Livia R. Pailer-Duller, Mario Engel, Reinhold Grimschitz
Druck: Druckerei Berger, Horn
Printed in Austria

INHALTSVERZEICHNIS

Vorwort zur ersten Auflage

Man schätzt, dass zirka 10 Prozent der gesamten Weltbevölkerung vom Legasthenieproblem betroffen sind. 10 Prozent, wird vielleicht so mancher sagen, sind nicht viel. Überlegt man sich dann die Zahl von 550 Millionen Menschen, so wird man dieses Phänomen nicht als gering einschätzen.
Viel ist in den letzten 120 Jahren, seit die Legasthenie wissenschaftlich erforscht wird, passiert, zu wenig aber für die Betroffenen. Legasthenie wird von zu vielen unwissenden Personen noch immer mit Dummheit verwechselt. Hierzulande befinden wir uns noch in der Steinzeit, nein, nicht in der Forschung, sondern in der profunden Anwendung des Erforschten.

Tatsache ist ja, dass das Legastheniephänomen in drei wissenschaftliche Bereiche fällt, nämlich in den pädagogischen, in den psychologischen und in den medizinischen Bereich. Leider ist die Zusammenarbeit ungenügend. Im so relevanten pädagogischen Bereich, sprich Schule, sind sich noch zu wenige Kollegen der Problematik ausreichend bewusst. Eine verkannte Legasthenie ist meist lebensbestimmend. Lebensbestimmend ist hier als Negativum zu verstehen! Denn nicht selten endet eine Legasthenie mit einer schulischen und menschlichen Katastrophe für alle Beteiligten. Eltern glauben in ihrer Uninformiertheit, ein dummes Kind in die Welt gesetzt zu haben. Dies wird leider oftmals durch Bemerkungen, die von der Umgebung kommen, noch verstärkt. Familienkrisen sind an der Tagesordnung. So mancher Lehrer glaubt, wenn er mit seiner Weisheit gegenüber einem legasthenen Kind am Ende ist, versagt zu haben. Beides ist wohl als grundfalsch anzusehen.

Lesen, schreiben oder rechnen zu können, ist ein Grundprinzip und eine Grundanforderung unserer Gesellschaft, und leider wird die Intelligenz eines Menschen an diesen Leistungen gemessen, was man natürlich als falsch bezeichnen kann. Entspricht nun ein Kind diesem Schema nicht, so wird nicht darüber nachgedacht, warum das so ist, sondern man ist sehr schnell mit Urteilen, wie denkfaul, schlampig, unkonzentriert, hyperaktiv, dumm usw., bei der Hand. Wobei Begriffe wie Unkonzentriertheit - man spricht davon, wenn ein Mensch sich mit nichts länger beschäftigen kann - oder Hyperaktivität - man spricht davon, wenn die innere Ruhe eines Menschen empfindlich gestört ist - in Zusammenhang mit Legasthenie zumeist falsch angewendet werden. Legasthene Kinder sind nur bei der Begegnung mit Symbolen, wie Buchstaben oder Zahlen, unaufmerksam. Das wird oftmals mit dem Krankheitsbild der Unkonzentriertheit verwechselt. Legasthene Kinder suchen sich auch manchmal ein sogenanntes Ventil, sie erscheinen unbändig, unruhig, ständig in Bewegung, mit dem Ergebnis, als hyperaktive Kinder bezeichnet zu werden. Tatsächlich ist aber auch das Krankheitsbild der Hyperaktivität ein nur scheinbares.

Man kann doch getrost behaupten, dass jeder intelligente Mensch von Haus aus wissbegierig ist, natürlich nur so lange, bis es ihm verdorben wird. Und das passiert einem legasthenen Menschen mit Eintritt in die Schule unentwegt. Doch, obwohl so felsenfest in unserer Gesellschaft verankert, sollte versucht werden, dieser Fehleinschätzung, der Legastheniker meist ausgesetzt sind, ein Ende zu bereiten. Europareife auch in dieser Hinsicht zu zeigen, wäre angebracht. Es ist zwar nicht so, dass es ausschließlich intelligente oder überdurchschnittlich begabte Legastheniker gibt. Doch kann mit Sicherheit behauptet werden, wenn man schon mit vielen Hunderten dieser Menschen zu tun gehabt hat, dass es sehr, sehr viele intelligente unter ihnen gibt, die meist von der Umwelt völlig verkannt werden.
Das Legastheniephänomen ist viel zu kompliziert und komplex, als dass man, um es in den Griff zu bekommen, ein Patentrezept geben könnte. Jede Legasthenie ist individuell zu sehen. Die Erscheinungsformen sind oft ähnlich, doch können diese nie als gesichert betrachtet werden, denn Änderungen sind an der Tagesordnung. Man sollte sich davon nicht abschrecken lassen und trotzdem versuchen, diesen Menschen zu helfen und ihnen gerecht zu werden, damit sie eine faire Chance erhalten, in unserem Schulsystem zu bestehen.

Durch das Beobachten so vieler Leidenswege legasthener Menschen in den letzten zehn Jahren und das Bewusstsein, durch Aufklärung etwas für die Verbesserung der Situation dieser besonderen Menschen beitragen zu können, ist dieses Buch entstanden.

Die Form des vorliegenden Druckwerkes richtet sich auch an die Eltern legasthener Kinder, die oftmals selbst große Mühe mit dem Lesen haben. Um es auch ihnen zu ermöglichen, an wichtige Informationen zu kommen, wurde das Buch in der vorliegenden Form geschaffen. Das Buch wurde blau auf weiß gedruckt, weil diese Farbkombination den Empfindungen der meisten legasthenen Menschen entgegenkommt.
Wiederholungen sind beabsichtigt, um eindringlicher auf die Grundzüge des Legastheniephänomens hinzuweisen. Besonders soll an dieser Stelle aber allen jenen legasthenen Menschen gedankt werden, die indirekt mitgeholfen haben, dass in dieses Druckwerk so viele Erfahrungen einfließen und weitergegeben werden konnten. Ich habe die größte Hochachtung vor diesen Menschen, die mit viel Tapferkeit ihre besondere Wahrnehmung und den Unverstand ihrer Umwelt ertragen.

→ **Legasthenie ist lebensbestimmend**
→ **10 Prozent Betroffene weltweit**
→ **120 Jahre Forschung**
→ **Das Legastheniephänomen ist sehr kompliziert und komplex**
→ **Schreiben und lesen zu können, ist eine Grundanforderung unserer Gesellschaft**
→ **Legasthene Kinder sind nicht faul oder dumm**
→ **Aufklärung ist dringend notwendig**
→ **Legastheniker haben eine besondere Wahrnehmung**

November 1997

Vorwort zur zweiten, erweiterten Auflage

In der Legasthenieforschung gibt es ständig neue Erkenntnisse. Es konnte wissenschaftlich bewiesen werden, dass es einen Zusammenhang zwischen Erbfaktoren und Legasthenie gibt. Verbindungen mit Chromosom 6 und 15 sind nachgewiesen. Andere werden zurzeit noch erforscht. Es gibt aber noch keinen genetischen Diagnosetest.

Im März 1998 gelang es Frau Dr. Sally Shaywitz in den USA, Legasthenie funktionell bei Hirnmessungen nachzuweisen. Dabei wurde die sogenannte funktionelle Magnet-Resonanz-Abbildung (functional magnetic resonance imaging FMRI) verwendet, welche es dem Beobachter ermöglicht, die Gehirnfunktionen genau so zu verfolgen, wie das Gehirn gerade "denkt". Dabei zeigte sich, dass die Gehirnmuster legasthener Testpersonen signifikant anders waren als die von nicht legasthenen Personen.

Im Mai 1998 sprach der Direktor der "International Dyslexia Association", der größten Legasthenikervereinigung der Welt, Tom Viall, im National Public Radio über die besonderen Eigenschaften von legasthenen Menschen. Er sagte wörtlich: ".... Their brains are better constructed for some skills needed in our modern times ...."

Wissenschaftliche Erkenntnisse in die Praxis umzusetzen und dabei legasthenen Menschen zu helfen, sollte oberstes Gebot jedes Legastheniespezialisten sein. Es darf zu keinem Verharren am Wissensstand kommen!
Doch sollten alle Ansätze oder Methoden, die legasthenen Menschen helfen, ihre Legasthenie zu überwinden, auch wenn sie noch nicht wissenschaftlich anerkannt sind, wie Kinesiologie, Neurolinguistische Programmierung usw., ihre Gültigkeit haben.
So wurde in der zweiten, erweiterten Auflage des vorliegenden Buches dieser Forderung Rechnung getragen, indem neue Ideen für die praktische Umsetzung im Legasthenietraining beschrieben werden.

→ **Beteiligung der Chromosomen 6 und 15 ist nachgewiesen**
→ **Dr. Shally Shaywitz weist differente Hirnfunktionen bei Legasthenikern nach**
→ **Direktor der International Dyslexia Association spricht von besonderer Begabung**
→ **Methodenakzeptanz sollte gewährleistet sein**

Juni 1998

Vorwort zur dritten, erweiterten Auflage

"Wenn viele Menschen in eine Richtung drängen, dann reißen sie die anderen mit". Dieser Ausspruch, von wem auch immer er getätigt worden ist, birgt doch die Situation in sich, welche sich in letzter Zeit im deutschen Sprachraum bezüglich des Legastheniephänomens zeigt. Immer mehr Menschen wollen sich über die Problematik von Legasthenikern schlau machen. Immer mehr Menschen, ob Eltern oder Lehrer, versuchen, ihnen mit all ihrer Kraft zu helfen, damit sie die Schulzeit ohne gröbere Hindernisse meistern können. Wissenschaftsgebiete, wie die Pädagogik, die Psychologie und die Medizin, beschäftigen sich verstärkt mit der Legasthenieproblematik. Auch die Soziologie versucht, die Zusammenhänge zwischen gesellschaftlichen Strukturen sozialer Schichten und der Legasthenie zu beleuchten.

Die größte Vereinigung, die International Dyslexia Association in den USA, welche sich für legasthene Menschen einsetzt, spricht nun schon seit geraumer Zeit von nicht nur 10 Prozent Betroffenen, sondern von 15 Prozent. Eine Zahl, welche nicht verharmlost werden soll. Wir alle sollten bereit sein, Anzeichen zu sehen und zu hören. Eltern sollten sich über die Ratschläge von Lehrern nicht hinwegsetzen, die sensibilisiert worden sind und erkannt haben, dass es in jeder Klasse laut Wahrscheinlichkeitsrechnung legasthene Kinder gibt. Lehrer sollten sich nicht über die Bedenken hinwegsetzen, die Eltern mitteilen. Einfach zu sagen, "Ihr Kind hat doch keine Legasthenie!", kann wohl nicht der Ausweg aus einem sich anbahnenden Schlamassel sein und kann die Situation des Kindes nur verschlimmern.

Es ist für den Förderansatz ungemein wichtig, festzustellen, ob ein Kind eine Legasthenie oder eine Lese-Rechtschreibschwäche (LRS) hat. Hier muss unbedingt unterschieden werden. Es gibt in unserem Lande die Unart, all die Kinder, welche Probleme mit dem Schreiben und Lesen haben, in einen Topf zu werfen und sie als Legastheniker oder LRS-Kinder zu bezeichnen. Laut Studien sind bei LRS-Kindern, welche oftmals nur ein Lerndefizit, familiäre Probleme etc. haben, die diese Schwierigkeiten also erworben haben, auch gute Erfolge mit dem Übungsprinzip zu erreichen. Bei legasthenen Kindern scheitert man damit, denn die Legasthenie ist genbedingt und vererbt. Legasthenen Kindern muss dabei geholfen werden, mit den Gedanken bei der Arbeit zu sein, da das Denken und Handeln zusammen stattfindet. Schon das reduziert nachweislich Fehler. Man muss ihnen aber auch die Möglichkeit geben, ihre Sinneswahrnehmungen, welche nicht so gut ausgeprägt sind, die sie aber auch für das Schreiben, Lesen und Rechnen brauchen, zu verbessern. Schließlich ist aber auch die Übung am Symptom wichtig.

Die Neurowissenschaftlerin Dr. Paula Tallal von der Rutgers University in New Jersey, welche sich schon viele Jahre mit der Legasthenieproblematik auseinandersetzt, hat am 8. August 2000 eine sehr interessante Aussage gemacht: "Gezieltes Training der dynamischen Empfindlichkeit der Sinne ist wahrscheinlich die effektivste Methode um die Leseleistungen zu verbessern". (Süddeutsche Zeitung, 11.8.2000)

Sie kommentierte damit die neuesten wissenschaftlichen Ergebnisse von Joel Talcott von der Universität in Oxford, welche zeigen, wie die Lesefertigkeit über die ganze Bandbreite mit der Empfindlichkeit für schnelle Seh- und Hörreize zusammenhängt. Talcott schlussfolgert, dass die Leseleistung und die damit verbundene Schreibleistung sowohl von der Empfindlichkeit für optische als auch für akustische Reize beeinflusst werden.

Diese neuen wissenschaftlichen Ergebnisse drücken nur aus, dass eine vermehrte Übung am Symptom, sprich an den Fehlern, welche legasthene Kinder machen, wohl wichtig ist, alleine durchgeführt aber nicht zum gewünschten Ergebnis führt, nämlich zu einer Verbesserung der Schreib- und Leseleistungen der betroffenen Kinder. Diese Ergebnisse unterstützen alle Legastheniespezialisten, welche seit vielen Jahren in diese Richtung arbeiten und damit schon zahlreichen legasthenen Kindern geholfen haben.

In der neu überarbeiteten und erweiterten Auflage wird eine modifizierte Form der Einteilung der zu trainierenden Sinneswahrnehmungen vorgestellt. Auch der Bereich der Prävention wird besprochen. Das neue AFS-Computertestverfahren, zur Feststellung einer eventuell vorliegenden Legasthenie, sowie eine sehr interessante Interpretation des Gesetzestextes bezüglich der schriftlichen Beurteilung im Deutschunterricht sind die neuen Themen des vorliegenden Buches.

→ Das Wissen um das Legastheniephänomen findet immer größere Verbreitung
→ Mehrere Wissenschaftszweige befassen sich mit der Legasthenie
→ Anzeichen nicht ignorieren
→ Eltern sollen Ratschläge von Lehrern annehmen
→ Der richtige Förderansatz ist maßgebend
→ Wissenschaft weist die wesentliche Rolle von Sinneswahrnehmungen für das Schreiben und Lesen nach
→ Internationale Einteilung der Sinneswahrnehmungen
→ Interpretation von Gesetzen

Februar 2001

Vorwort zur vierten, erweiterten Auflage

Nun liegt schon die vierte Auflage des Buches vor, und viele, viele Jahre sind seitdem vergangen, als ich mich das erste Mal mit dem so interessanten Thema der "Legasthenie" auseinanderzusetzen begann.
Es ist noch viel zu tun, damit noch mehr Menschen klar wird, was ein Legastheniker überhaupt ist, welche Probleme er hat und auch welche besonderen Begabungen er durch seine Legasthenie besitzt.

Gerade hat mir ein völlig unwissender Reporter wieder ganz drastisch vor Augen geführt, wie wenig die Gesellschaft eigentlich Bescheid weiß. Er schilderte sein Interview mit einem der reichsten Männer der Welt, Bill Gates. Er bemerkte, dass Bill Gates wie ein kleiner Schuljunge die gesamte Zeit, in der er mit ihm sprach, auf seinem Stuhl hin und her rutschte und auch noch dazu mit dem Sessel ritt. Der ahnungslose Mann hatte eben anscheinend nicht die geringste Ahnung davon, warum Bill Gates diesen Wesenszug hat. Er ist ein legasthener Mensch! Die Genialität, mit der dieser Mann seine Visionen zum Nutzen für fast die gesamte Menschheit verwirklicht hat, liegt wohl in seiner Legasthenie und damit in seinen besonderen und umfassenden Gedankengängen begründet. In einiger Zeit, sobald dieser Mensch Geschichte sein wird, werden auch die heutigen Neider verstummt sein, und in den Geschichtsbüchern wird hoffentlich nur objektiv über seine außergewöhnlichen Leistungen zu lesen sein.

Rückblickend hat sich die Situation der legasthenen Kinder in den letzten Jahrzehnten zwar doch ein wenig, aber meines Erachtens noch lange nicht genug, zum Besseren gewandt, denn noch immer ist es für manche legasthenen Kinder ein Glücksspiel, auf welche Voraussetzungen sie im persönlichen Umfeld treffen. Und diese Voraussetzungen – das Verständnis der Eltern und Lehrer um die Problematik und die rechtzeitige Hilfe -, die aber tatsächlich für das gesamte Leben des Kindes bestimmend sind, sollten eben wesentlich berechenbarer sein.
Besserwisserei, Intoleranz, Ignoranz und Überheblichkeit bestimmen noch vielfach das Schicksal der betroffenen Kinder – um deren Schicksal es mir schon seit mehreren Jahrzehnten geht – und bringen so viel unnötiges Leid.

Es ist zu beobachten, dass ein regelrechter Kampf und nicht die gewünschte Zusammenarbeit zwischen den Berufsgruppen der Pädagogen, Psychologen, Mediziner – alle fühlen sich in “erster“ Linie zuständig für diese Kinder – ausgebrochen ist. Tatsächlich ist natürlich die psychologische und medizinische Intervention in der Legasthenieproblematik zu respektieren. Doch sollten der Psychologe und der Mediziner nur dann zum Einsatz kommen, wenn sie wirklich notwendig sind. Eine generelle Pathologisierung der Legasthenieproblematik ist abzulehnen. Und tatsächlich benötigt nicht jedes legasthene Kind, welches nur Probleme damit hat, das Schreiben und Lesen in der Art zu erlernen, wie es die Klassenkameraden tun, einen Arzt oder Psychologen. Wir wissen sehr genau, dass es eben nur bei einem geringen Prozentsatz der legasthenen Kinder dieser Interventionen bedarf. Die grundlegende Ebene ist und wird immer die pädagogische bleiben, ohne diese ist jede andere Therapie zum Scheitern verurteilt.

Die Problematik fängt damit an, dass von der Umgebung - Eltern und Lehrern - die Schwierigkeiten der Kinder beim Schreiben, Lesen und/oder Rechnen auf die Eigenarten, welche die Kinder in der Schule an den Tag legen, zurückgeführt werden. Ist nun der Lehrer unerfahren oder hat er nicht das nötige Wissen über die Legasthenieproblematik, ist er also mit seiner Weisheit am Ende, so werden die "verhaltensauffälligen" Kinder schnell zum Psychologen oder zum Arzt geschleppt. Dabei liegt aber der genau umgekehrte Prozess vor. Durch die Überforderung bzw. den nicht methodengerechten Unterricht zeigen die Kinder ein außergewöhnliches Verhalten, weil sie es eben nicht anders ausdrücken können, dass sie mit den herkömmlichen Lernmethoden nicht das Auslangen finden. Und so bekommen legasthene Kinder allerlei Therapien, die sie nicht brauchen, aber viele ihre gesamte Schulzeit lang nicht den pädagogisch-didaktischen Ansatz, den sie benötigen würden.

Sehr bedauerlich ist, dass sich "Spezialisten" gegenseitig das Wissen und die Befähigung absprechen. Die Gründe dafür sind vielfältig, und so tragen sie maßgeblich zur Verunsicherung der Eltern und Interessierten bei. Die

Folge ist, dass die nötige Hilfe zu oft viel zu spät oder gar nicht stattfindet. Vielfach wird auch die hervorragende Arbeit, welche zahlreiche Legastheniespezialisten leisten, von Kritikern zunichte gemacht - durch Kritik, die sich nicht selten als völlig haltlos erweist, sehr zum Schaden für die betroffenen Kinder.

Im Zeichen der Zusammenarbeit und der besseren Verständigung der an den Problemen der Kinder Beteiligten steht diese Neuauflage. Es sollte uns doch wirklich nur um das Wohl unserer Kinder gehen!

Die Erweiterung um einen Katalog von häufig gestellten Fragen soll zu einem noch besseren Verständnis der Thematik beitragen.

→ **Es ist noch viel zu tun**
→ **Die Situation von Menschen mit Schreib-, Lese- und Rechenproblemen bessert sich**
→ **Die ersten Interventionen sollten immer durch den Pädagogen erfolgen**
→ **Diese Kinder benötigen individuelle Lernmethoden**
→ **Zusammenarbeit zum Wohle der Kinder**
→ **Neu ist ein Katalog häufig gestellter Fragen zum Thema**

April 2004

Vorwort zur fünften, überarbeiteten Auflage

In den letzten Jahren hat sich erfreulicherweise vieles zum Positiven für Menschen, die von Schreib-, Lese- oder Rechenproblemen betroffen sind, geändert. Trotzdem ist noch viel Erklärung und Aufklärung notwendig!

Deutlich verbessert hat sich die Hilfe auf pädagogisch-didaktischer Ebene durch die nun zahlreichen Spezialisten, die ihr Wissen und ihre Hilfe den Betroffenen zur Verfügung stellen und damit einen unschätzbaren Beitrag nicht nur zum besseren Verständnis der gesamten Thematik leisten, sondern auch wesentlich dazu beitragen, dass Schüler oder auch Erwachsene mit Schreib-, Lese- oder Rechenproblemen großartige Fortschritte und damit Erfolge erzielen.

Im Jahre 1997, als die Originalausgabe dieses Buches erschienen ist, war die Tatsache, dass es intelligente Menschen gibt, die aber trotzdem das Schreiben, Lesen oder Rechnen in der Schule mit den dort angebotenen Methoden nicht ausreichend erlernen können, bedauerlicherweise eher weniger populär. Ein grundsätzliches Verständnis für diese besonderen Menschen, was natürlich ein Wissen über die Thematik voraussetzt, war nicht oder nur selten vorhanden. Vielmehr war man schnell mit Vorurteilen bei der Hand. Die Jahrzehnte andauernde historisch bedingte Pathologisierung der Problematik – als Schwäche, Störung, Krankheit oder gar Behinderung - zeigte Wirkung und tut es auch wohl dort und da noch heute, weil es Menschen gibt, die nichts dazulernen wollen. Eine positive Zusammenarbeit der verschiedenen Interventionsebenen - der pädagogischen Ebene und der Gesundheitsebene - ist bis heute nicht ausreichend gelungen, zu unterschiedlich sind die Ansichten über die gesamte Problematik.

Es muss ein erklärtes Ziel sein, gegen diese veralteten Ansichten, die sich in den Köpfen der Menschen festgesetzt haben, zu wirken und zu zeigen, dass Menschen mit Schreib-, Lese- oder Rechenproblemen grundsätzlich nicht schwach, gestört, krank, behindert oder gar dumm oder faul sind und dass man mit auf ihre speziellen Anforderungen abgestimmten pädagogisch-didaktischen Interventionen ausgezeichnete Erfolge erzielen kann.

Legasthene und dyskalkule Menschen haben eine besondere Informationsverarbeitung. Sie verarbeiten Sinneseindrücke anders, besonders jene, die mit dem Schreiben, Lesen und Rechnen zusammenhängen. Sie haben also eine andere Sinneswahrnehmung und haben deshalb eine eigene andere Lernfähigkeit. Schulische Standardmethoden reichen zumeist für legasthene oder dyskalkule Menschen nicht aus, das Schreiben, Lesen oder Rechnen im notwendigen Ausmaß, so wie es unsere Gesellschaft fordert, zu erlernen.

Legasthene und dyskalkule Menschen benötigen deshalb auf ihre Bedürfnisse abgestimmte Lehrmethoden. Bei Schreib-, Lese- oder Rechenproblemen, die nicht aus psychischen oder physischen Gründen erworben worden sind, muss in erster Linie immer Hilfe auf pädagogischer Ebene erfolgen.

Die pädagogische Forschung hat Methoden entwickelt, die sich ausgezeichnet dafür eignen, diesen Menschen zu helfen. Speziell das pädagogische AFS-Testverfahren zur Feststellung einer eventuell vorhandenen Legasthenie/ LRS/Dyskalkulie/Rechenschwäche und die AFS-Methode, ein Meilenstein der pädagogischen Forschung, mit ihren einerseits festgelegten Strukturen, andererseits frei einsetzbaren bzw. wählbaren Elementen, ist eine seit nunmehr über 10 Jahre bewährte pädagogisch-didaktische Methode, mit der es LegasthenietrainerInnen, LehrerInnen, aber auch Eltern möglich ist, Kindern, die von Schreib- und/oder Leseproblemen bzw. Rechenproblemen betroffen sind, gezielt und individuell zu helfen.

Unzählige Kinder haben inzwischen von dieser einzigartigen Entwicklung der neueren pädagogischen Forschung profitiert! Ihnen konnte durch die AFS-Methode ermöglicht werden, auch das Schreiben, Lesen und Rechnen in angemessener Weise zu erlernen, indem man dabei hilft, die Sinneswahrnehmungen zu schärfen, also unter anderem das visuelle und auditive Bewusstsein zu fördern, die Aufmerksamkeitsfokussierung beim Schreiben, Lesen und Rechnen zu gewährleisten und eine individuelle Förderung im Schreib-, Lese- und Rechenbereich den Betroffenen zuteil werden zu lassen.

Wie schon erwähnt, hilft heute eine beachtliche Anzahl von Spezialisten Betroffenen auf pädagogisch-didaktischer Ebene, sich im Schreib-, Lese- oder Rechenbereich besser zurechtzufinden und den Erwartungen in der Schule zu entsprechen. An diese Legasthenie- und DyskalkulietrainerInnen richte ich meinen herzlichen Dank für die Hilfe, die sie täglich Menschen mit Schreib-, Lese- und/oder Rechenproblemen zuteil werden lassen!

Bedanken möchte ich mich nochmals bei allen legasthenen und dyskalkulen Menschen, die indirekt mitgeholfen haben, dass in dieses Druckwerk so viele praktische Erfahrungen einfließen und damit weitergegeben werden konnten.
Unsere Hochachtung sollte diesen besonderen Menschen gehören, die mit viel Tapferkeit mit ihrer besonderen Sinneswahrnehmung umgehen - die nur im Schreib-, Lese- oder Rechenbereich unerwünschte Auswirkungen zeigt - und die mit jener Toleranz den Unverstand vieler ihrer Mitmenschen ertragen, die ihnen selbst so oft verweigert wird. An der Verhaltensweise dieser besonderen Menschen könnten sich so manche Mitmenschen ein Beispiel nehmen.

In der vorliegenden Auflage wurde auf das Kapitel mit den gesetzlichen Gegebenheiten in Österreich verzichtet, weil es nur einen kleinen Teil der Leser betrifft.

- → **Angebot an pädagogisch-didaktischer Hilfe besser denn je**
- → **Legasthene und dyskalkule Menschen haben eine besondere Informationsverarbeitung und deshalb eine besondere Lernfähigkeit**
- → **Das pädagogische AFS-Testverfahren und die AFS-Methode sind Meilensteine der pädagogischen Forschung**
- → **Wichtig ist unter anderem, das visuelle und auditive Bewusstsein zu fördern**
- → **Die Toleranz dieser Menschen sollte erwidert werden**

März 2010

Zur pädagogischen Definition für Schreib-, Lese- und Rechenprobleme

Einheitliche allgemein gültige Definitionen, welche die verschiedenen Schreib-, Lese- oder Rechenprobleme ausreichend beschreiben würden, gibt es bis heute nicht.

Pädagogische Definition:

"Ein legasthener/dyskalkuler Mensch, bei guter oder durchschnittlicher Intelligenz, nimmt seine Umwelt differenziert anders wahr, seine Aufmerksamkeit lässt, wenn er auf Symbole wie Buchstaben oder Zahlen trifft, nach, da er sie durch seine differenzierten Teilleistungen anders empfindet als nicht legasthene/ dyskalkule Menschen. Dadurch ergeben sich Schwierigkeiten beim Erlernen des Lesens, Schreibens oder Rechnens."

Dr. Astrid Kopp-Duller, 1995

Legasthenie ist wohl ein wesentlich umfassenderes, komplizierteres, komplexeres Gebiet als das Wort auszudrücken vermag.

„Legasthene und dyskalkule Menschen haben eine besondere Informationsverarbeitung und dadurch bedingt eine besondere Lernfähigkeit, welche an die pädagogisch-didaktische Interventionsebene hohe Anforderungen stellt.“

Dr. Astrid Kopp-Duller, 2005

Frau Dr. Schenk-Danzinger hat immerhin in ihrer Definition, die auch heute noch richtungsweisend ist, zusätzlich zu den Leseproblemen Schreibprobleme miteinbezogen, doch liegt auch bei genetisch bedingten Rechenproblemen die gleiche differente Wahrnehmung eines Menschen zu Grunde. Warum es sich einmal im Lese- oder/und Schreibbereich auswirkt, dann wieder im Rechenbereich, vermag wohl niemand mit Sicherheit zu sagen. Tatsache ist aber, dass alles, was für Kinder mit Legasthenie gilt, auch für jene mit Dyskalkulie gilt.

Die differente Aufmerksamkeit und differenten Funktionen oder Teilleistungen, sogenannte Sinneswahrnehmungsleistungen, lassen Fehler beim Schreiben, Lesen oder Rechnen entstehen.

“Der Name Legasthenie ist nicht sehr glücklich gewählt!“ oder “Legasthenie gibt es ja gar nicht“. Solche und noch andere eigenartige Aussprüche kann man da und dort immer wieder hören. Zumeist steckt lediglich Unwissenheit oder auch Hilflosigkeit gegenüber dem Problem, mit Betroffenen nicht erfolgreich umgehen zu können, dahinter.

Aber wie schon William Shakespeare in seinem weltberühmten Drama "Romeo und Julia" sinngemäß sagte, "... wie immer die Rose auch heißen würde, es vermag nichts daran zu ändern, dass sie wundervoll duftet ...".

Tatsache ist, dass die Problematik existiert, dass es Menschen gibt, die das Schreiben, Lesen oder Rechnen, trotz ausreichender Intelligenz, nicht oder nur sehr langsam, mit größter Mühe, erlernen können. Wie man aber die Problematik benennt, ist tatsächlich eine andere Sache. Erleichternd für alle, die damit zu tun haben, wäre natürlich, wenn es einheitliche und allgemein gültige Definitionen geben würde.

Da die Verursachungen von und auch die Hilfestellungen bei Schreib-, Lese- oder Rechenproblemen unterschiedlich sein können, ist es angebracht, auch unterschiedliche Begriffe zu verwenden. So werden Schreib- und Leseprobleme, welche eine genetische Verursachung haben, als Legasthenie, erworbene als Lese-Rechtschreibschwäche bezeichnet. Gleichfalls werden Rechenprobleme, welche eine genetische Verursachung haben, als Dyskalkulie, erworbene als Rechenschwäche bezeichnet. Auf die notwendigen unterschiedlichen Förderansätze wird noch eingegangen werden.

Aber zurück zu Shakespeare. Mit Drama allerdings hat das Wort Legasthenie tatsächlich etwas gemein, aber auch mit der Rose. Legasthenie ist eine Gabe, kann aber auch ein ganz besonders schlimmer Klumpfuß für den Betroffenen und seine Umgebung sein.

Obwohl man schon seit zirka 120 Jahren wissenschaftlich diesem Phänomen auf den Grund zu gehen versucht, ist es aber leider immer noch für viel zu viele Menschen ein Wort, das in ihrem Sprachschatz nicht vorkommt bzw. von dem sie nicht wissen, was sie damit anfangen sollen, auch wenn sie direkt oder indirekt davon betroffen sind.

Betrachtet man heute die Entwicklung der Forschung, so fällt auf, dass es ein ewiges Hin und Her war. Von Bemühungen, herauszufinden, was die Ursachen sind, bis hin zur versuchten Zerstörung des Erforschten, alles kann man finden.

Dienlich waren der Legasthenieforschung, als diese sehr weit gediehen war, jene Pseudogelehrten gerade nicht, die plötzlich behaupteten, so etwas wie Legasthenie gäbe es nur in den Köpfen reicher Leute, die diese Bezeichnung als Ausrede für ihre dummen Kinder gebrauchten. Die Folge war eine große Verunsicherung vor allem bei Pädagogen oder Lehrern, die ja unmittelbar mit diesen besonderen Kindern in der Klasse zu tun hatten oder haben.

Und besondere Kinder sind legasthene oder dyskalkule Kinder allemal, das lässt sich tatsächlich behaupten, je mehr man mit diesen zu tun hat. Wenn man dann schon mit so vielen sehr eng zusammengearbeitet hat, wird die Bewunderung für ihre besondere Wahrnehmung und ihre umfassende Denkweise immer größer.

Trotzdem kann man im Zusammenhang mit Legasthenie von einer Problematik sprechen. Meistens werden diese hochbegabten Kinder von ihrer Umwelt völlig falsch verstanden, und dies führt nicht selten früher oder später zu großen Problemen innerhalb der Familie, aber auch vor allem in der Schule. Anfangs kann man bei einer Legasthenie oder Dyskalkulie nie von einem Krankheitsbild sprechen. Die Beobachtung zeigt, dass das Kind mit einer Primärlegasthenie oder -dyskalkulie (als Primärlegasthenie oder -dyskalkulie bezeichnet man die Problematik, wenn ein intelligenter Mensch das Schreiben, Lesen oder Rechnen mit den üblichen Schulmethoden nicht oder nur sehr langsam erlernt, ohne dass psychische oder physische Auffälligkeiten daran beteiligt sind oder sogar verursachend sind), wenn es auf gute Voraussetzungen trifft - z.B. auf einen Pädagogen, und auf den trifft es immer vor dem Psychologen oder dem Psychiater, welcher sich des Problems der Legasthenie oder Dyskalkulie bewusst ist und den Anforderungen des Kindes Genüge tut - nie zu einem Problemkind wird. Leider ist die Praxis eine andere.

Oftmals hat unsere Gesellschaft verhaltensauffällige Kinder geschaffen, für die sich aber keiner mehr zuständig fühlt. Hat man einer Legasthenie oder einer Dyskalkulie ein psychisches Problem aufgepflanzt, ist dieses wesentlich schwieriger zu bewältigen als die Legasthenie oder Dyskalkulie selbst. Dabei wäre es so leicht, auch diesen Kindern das Lesen, Schreiben oder Rechnen beizubringen. Denn wer behauptet, legasthenen oder dyskalkulen Kindern könnte man diese Kulturtechniken nicht beibringen, der irrt. Sie bräuchten nur Lehrmethoden, die ihrer besonderen Lernfähigkeit entgegenkommen, die ihnen z.B. alles bildlich und dreidimensional bringen, mehr Vertiefung als gewöhnlich, mehr Zeit und viel Lob.

Um nochmals auf den Begriff Legasthenie zurückzukommen, soll hier nur dazu bemerkt werden, dass mit diesem Ausdruck, mit dieser Bezeichnung, nicht die umfassende Problematik dieses Phänomens bedacht wird. Da es aber existiert, und wie immer man dies auch nennen möchte, ob differente Wahrnehmung, Lernstörung, Teilleistungsprobleme, um nur einige zu nennen, so ist doch immer das Problem eines Menschen damit gemeint, der es verdient, von uns anderen 85% der Menschen verstanden zu werden, und der schließlich auch ein Recht darauf hat.

Wichtig wäre es, doch davon Abstand zu nehmen, bei einer Legasthenie oder Dyskalkulie ohne Sekundärproblematik, der sogenannten Primärlegasthenie oder -dyskalkulie – es verstärken keine psychischen oder physischen Probleme die genetische Veranlagung, lediglich verlangen diese Menschen beim Erlernen des Schreibens, Lesens und Rechnens nach einer auf ihre besondere Lernfähigkeit abgestimmten Methodik - ständig von Störung, Schwäche, Krankheit oder gar Behinderung zu sprechen. Eine nicht rechtzeitig erkannte Legasthenie oder Dyskalkulie und die damit zusammenhängende ständige schulische Überforderung kann auch zu Sekundärproblemen führen. 15 Prozent der Weltbevölkerung als "schwach" oder "gestört" zu bezeichnen, ist nicht legitim und äußerst vermessen.

→ **Legasthenie existiert doch!**
→ **Keine einheitliche Definition der Gesamtproblematik vorhanden**
→ **Probleme beim Scheiben, Lesen oder Rechnen, vielfach liegt eine differente Wahrnehmung zu Grunde**
→ **Legasthenie oder Dyskalkulie ist ein schlimmer Klumpfuß für Betroffene**
→ **Tatsächlich verdienen diese Menschen unsere größte Bewunderung**
→ **Hochbegabte Kinder, die von ihrer Umwelt falsch verstanden werden**
→ **Auch diese Kinder können das Lesen, Schreiben und Rechnen erlernen**
→ **Sie sind grundsätzlich nicht schwach, gestört, krank oder behindert**
→ **Was sie brauchen, ist Zeit und Lob**

Legasthenie oder Dyskalkulie ist keine Krankheit oder Behinderung!

Vorausschickend, eine Legasthenie oder eine Dyskalkulie ist weder eine Krankheit noch eine Behinderung, sie wird vielmehr durch eine differente Wahrnehmung eines Menschen hervorgerufen. Einfach gesagt, empfinden, sehen und hören legasthene/dyskalkule Menschen ein bisschen anders als andere. Die Erscheinungsform dieser anderen Wahrnehmung ist es aber, die zu den Schreib-, Lese- oder Rechenproblemen führt und die Menschen, welche nicht mit diesem Problem vertraut sind, glauben lässt, dass es sich deshalb, um es vorsichtig auszudrücken, um einen minderbegabten Menschen handelt.

Was soll man auch von jemandem halten, dem man mindestens schon zwanzig Mal ein einziges Wort beizubringen versucht hat? Der es einige Male richtig schreibt, dann aber wieder fehlerhaft? So jemanden für idiotisch zu erklären, fällt natürlich leichter, als sich über die Hintergründe zu informieren. Dies passiert auch dann meistens nicht, wenn man sehr wohl merkt, dass der Mensch, den man vor sich hat, oft überdurchschnittlich gute Gedankengänge hat.

Er verfügt offensichtlich über außergewöhnlich gute technische Ideen, ist unglaublich kreativ, hat eine hohe Auffassungsgabe, eine oftmals schier unglaubliche Merkfähigkeit, man denke nur an die Lesebücher, die mühelos auswendig gelernt werden. Leider wird in unserer Gesellschaft hundertmal mehr auf die Kulturtechniken des Lesens, des Schreibens oder des Rechnens Wert gelegt anstatt auf andere Talente. Dabei, seien wir doch ehrlich, wer ist denn schon in der deutschen Rechtschreibung nach der Reform und der Reform der Reform wirklich noch perfekt?

Wir täten gut daran, die besonderen Qualitäten der Betroffenen zu erkennen und nicht ständig auf den Fehlern herumzuhacken. Sie vor allem zu fördern, ihnen aber auch mental dabei zu helfen, über die Hürden der Kulturtechniken leichter hinwegzukommen, dies wäre wohl besonders wichtig. Hatte die Ansage hundert Wörter und gab es acht Fehler, wurden dann nicht zweiundneunzig richtig geschrieben?

Aber besonders die Rechtschreibung, oder auch Richtigschreibung genannt, ist für manche eine heilige Kuh und das Beurteilungskriterium für die Intelligenz eines Menschen schlechthin. Ein wenig engstirnig, oder? Tatsächlich haben Schreib-, Lese- oder Rechenkenntnisse absolut nichts mit der tatsächlichen Intelligenz eines Menschen zu tun. Dafür gibt es unzählige Beispiele.

Wobei natürlich damit nicht in Zweifel gezogen werden sollte, dass die Kenntnis von grundlegenden Schreib-, Lese- oder Rechenkenntnissen im gesamten Leben

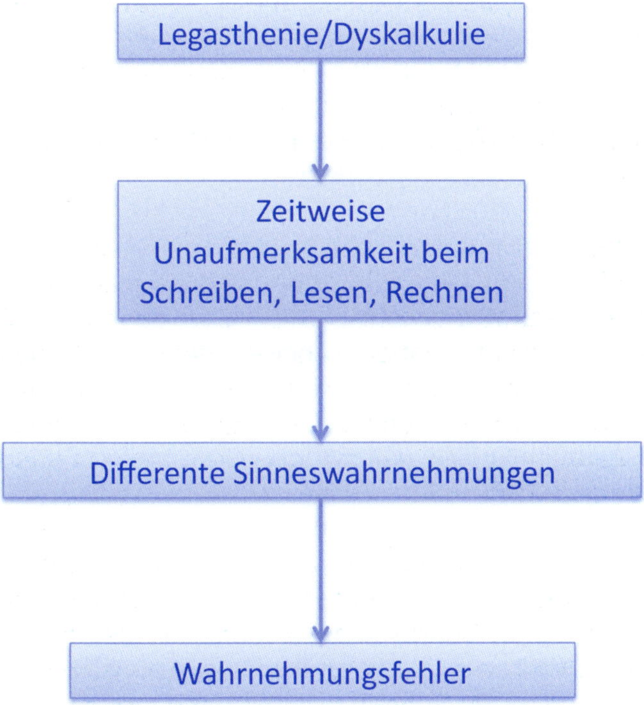
Legasthenie/Dyskalkulie
Zeitweise Unaufmerksamkeit beim Schreiben, Lesen, Rechnen
Differente Sinneswahrnehmungen
Wahrnehmungsfehler

hilfreich ist und deshalb erlernt werden sollte. Doch ist es abzulehnen, diese Kenntnisse als Maßstab für den Wert eines Menschen herzunehmen, was tatsächlich so oft passiert.

Wir würden viele tolle Talente nicht verschwenden, wie es zur Zeit der Fall ist, sondern für unsere Gesellschaft nützen. Wie lange können wir es uns denn noch leisten, solche Talente zu verheizen? Tatsache ist, dass Legasthenie oder Dyskalkulie nicht sichtbar ist. Alles, was der Mensch nicht sehen kann, wird oft in Zweifel gezogen.

Wir haben für sprachbehinderte, für seh- oder hörbehinderte Kinder in unserem Schulsystem bestens vorgesorgt. Sie bekommen eine spezielle Förderung. Obwohl die differente Wahrnehmung nicht als Behinderung anzusehen ist, bräuchten diese Kinder in der Schule auch einen speziell auf ihre Bedürfnisse ausgerichteten Unterricht. Ihr Pech ist es nur, dass sich die Symptomatik bei ihnen lediglich in ihren Fehlern beim Lesen, Schreiben oder Rechnen widerspiegelt. Ihre speziellen Bedürfnisse werden nicht erkannt. Mit Vorurteilen, wie „Das Kind übt zu wenig!“ oder „Es ist einfach zu dumm, sich das von ihm Geforderte zu merken!“ oder „Einfach schlampig!”, ist man schnell bei der Hand. So mancher Lehrer konnte Eltern schon glaubhaft machen, dass sie eben ein "schwaches" Kind haben.

So wird versucht, ihnen durch mühsames, vermehrtes Üben zu helfen. Diese Maßnahmen verursachen aber nur noch mehr Probleme, vor allem psychische, da man damit dem Kind ständig vor Augen führt, was es nicht kann, bzw. vom Kind etwas verlangt, das es nicht leisten kann. Vermehrtes Üben allein hat bei legasthenen oder dyskalkulen Kindern noch nie zum gewünschten Erfolg geführt.

→ **Differente Wahrnehmung verursacht die Problematik**
→ **Diese Kinder haben besondere Talente**
→ **Legasthenie oder Dyskalkulie ist äußerlich nicht sichtbar**
→ **Symptomatik zeigt sich nur an den Fehlern**
→ **Schreib-, Lese- oder Rechenkenntnisse sind kein Maßstab für die Wertigkeit eines Menschen**
→ **Erfolgt keine Hilfe, sind psychische Probleme oftmals die Folge**

Wichtig ist das rechtzeitige Erkennen

Tatsache ist, dass es zwar sehr viele Anzeichen für die Legasthenie oder Dyskalkulie auch schon im Vorschulalter gibt, dass aber eine Vielfalt von diesen Erscheinungsformen zusammentreffen muss, damit man eine Legasthenie oder Dyskalkulie vermuten kann. Eine Legasthenie oder Dyskalkulie kann aber tatsächlich erst gesichert festgestellt werden, wenn das Kind Schwierigkeiten mit Buchstaben oder Zahlen hat. Gerade das macht das Erkennen und Benennen dieses Phänomens im Vorschulalter so kompliziert.

Wenn man zum Beispiel von der Krabbelphase des Kindes spricht, wurden schon oft die Bedenken der Eltern laut, bei ihrem Kind etwas falsch gemacht zu haben. Die Krabbelphase ist sicher für die Entwicklung der Schreib- und Lesekoordination ein ungeheuer wichtiger Abschnitt. Bei sehr, sehr vielen Legasthenikern beobachtet man, dass diese Phase entweder völlig ausgelassen oder wenig ausgelebt wurde. Legasthene Kinder sind oft sogenannte Bodenschlurfer, kriechen auch meist nur rückwärts oder zur Seite. Viele Eltern haben schon die Bemerkung gemacht, dass sie, wenn sie gewusst hätten, wie wichtig diese Krabbelphase für ihr Kind ist, es dazu veranlasst hätten. Sie müssen allerdings enttäuscht werden. Es ist nicht möglich, ein Kind, das absolut nicht krabbeln will, zum Krabbeln zu bringen. Das hat mit der Programmierung des Gehirns für diese Tätigkeit zu tun, die bei solchen Kindern entweder schlecht entwickelt oder gar nicht vorhanden ist.

So ist es natürlich bei einem Kind, das dieses Anzeichen aufweist, sicher von Vorteil, wenn man weiterhin beobachtet, ob es noch andere Hinweise auf eine eventuell vorliegende Legasthenie gibt. Falsch wäre es, zu glauben oder zu befürchten, dass ein Kind ohne Krabbelphase automatisch ein legasthener Mensch sein muss. Es gibt sehr viele Menschen, die keine Krabbelphase hinter sich gebracht haben und trotzdem nicht legasthen sind. Besondere Beobachtung sollte Kindern zuteil werden, wenn auch in Vorgenerationen eine Legasthenie oder Dyskalkulie aufgetreten ist.

Speziell aber im Vorschulalter gibt es noch sehr viele andere Hinweise darauf, dass es sich um ein legasthenes/ dyskalkules Kind handeln könnte. Diese Kinder sind oft sehr ungeschickt, stolpern über kleine Gegenstände, stoßen sich häufig und fallen ohne ersichtlichen Grund. Sie haben sogenannte gute und schlechte Tage. Man sieht an ihren Handlungsweisen, dass sie schneller denken als sie handeln. Häufig erlernen diese Kinder etwas später das deutliche Sprechen. Oft werden gewisse Phrasen vermischt oder verwechselt, auch ähnliche Wörter. Das Wort für Mineralwasser wird dann zum "Wasseral". Die

Kinder finden für gewisse Wörter Ersatzwörter, oder Bezeichnungen werden ganz einfach falsch verwendet. Auch bestimmte Wörter werden für gewisse Objekte nicht behalten. Speziell bei Farbnamen zeigt sich oft dieses Problem. Andererseits haben diese Kinder aber ein sehr gutes Farbempfinden und meist eine erhöhte Kreativität. Wörter für Richtungen werden verwechselt, wie hinauf oder hinunter, innen oder außen.

Legasthene und dyskalkule Kinder beweisen meist eine hohe Auffassungsgabe und sind ungemein geschickt mit technischem Spielzeug oder bei konstruktiven Tätigkeiten. Sie haben keine Probleme, komplizierte Fernbedienungen von Fernsehern oder Computertastaturen zu handhaben, sind aber andererseits oft nicht fähig, farbige Perlen in der vorgegebenen Reihenfolge aufzufädeln.

Diese Kinder genießen es, wenn man ihnen vorliest, zeigen aber wenig Interesse daran, sich selbst mit Buchstaben zu beschäftigen. Das Schreiben des eigenen Namens ist meist eine Plage. Auch Probleme beim Erlernen von Kinderliedern oder Reimen im Kindergarten sind sehr häufig. Trotzdem erscheint aber das legasthene Kind im Vorschulalter als besonders intelligent und begabt. Umso schlimmer ist dann die Ernüchterung der Eltern, sobald ihr Kind im Schulverband nicht besteht.

Nun treten Schwierigkeiten beim Erlernen des Lesens und des Schreibens auf oder aber auch beim Rechnen. Buchstaben und Zahlen werden vertauscht, das Kind hat Schwierigkeiten beim Behalten des Alphabets und bei den Grundrechenarten. Auch das Erlernen der Uhrzeit, der

Reihenfolge der Tage, der Monate und noch vieles mehr fällt schwer. Auch die Rechts- und Linksunterscheidung, das Zubinden der Schuhe oder das Fangen von Bällen bereitet Schwierigkeiten.

Bei Neunjährigen zeigen sich auch durch vermehrtes Üben keine wesentlichen Verbesserungen. Noch immer werden Buchstaben ausgelassen oder in der verkehrten Reihenfolge geschrieben oder gelesen. Das Kind neigt zu einer vollkommenen Desorganisation vor allem bei Tätigkeiten, die mit der Schule zu tun haben. Es braucht ungeheuer viel mehr Zeit für die Schulaufgaben als seine Schulfreunde. Selbst das Abschreiben von der Tafel erfolgt nicht fehlerlos. Alle Hilfsmittel, die sich das Kind unbewusst zurechtlegt, sogenannte "Eselsbrücken", helfen nicht mehr.

Mit zwölf Jahren liest das Kind noch immer nicht fehlerfrei, liest unzusammenhängend und ungenau. Meist wird auch der Inhalt des Gelesenen nicht verstanden, weil der legasthene Mensch sich zu sehr dem Identifizieren der einzelnen Buchstaben und dem Zusammenlauten dieser Einzelbuchstaben widmen muss und so dem Text nicht aufmerksam folgen kann. Es kommt noch immer zu sehr inkonsequentem Buchstabieren.

Auch das Entwerfen und das Schreiben von Aufsätzen ist mit Schwierigkeiten verbunden, wobei meist der Inhalt hervorragend ist. Ernsthafte Probleme bei den Fremdsprachen kommen nun dazu. Im Rechenbereich können z.B. Mengen den Ziffern-symbolen nicht zugeordnet werden, die Grundrechenarten bereiten Schwierigkeiten, selbst das Zählen wird nur ungenügend beherrscht. Die Folge ist eine immer größer werdende Unaufmerksamkeit und Frustration in der Schule.

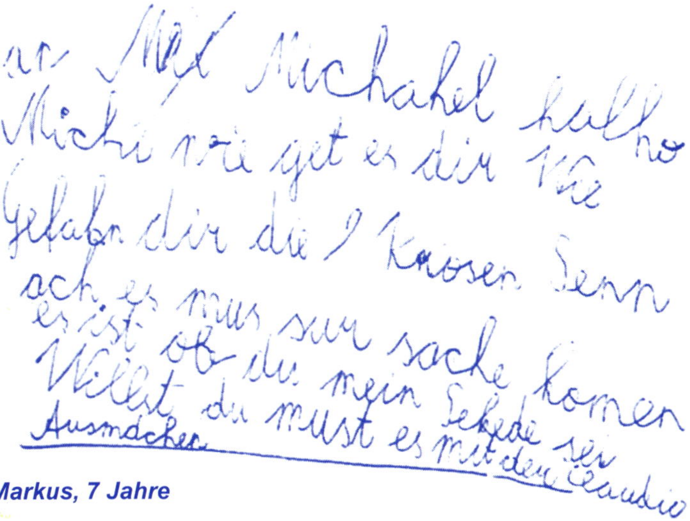

Markus, 7 Jahre

Diese geht oft so weit, dass das Hauptproblem nicht mehr die Legasthenie oder Dyskalkulie des Kindes ist, sondern vielmehr das psychische Problem, dass das Kind nun hat. Sein Selbstwertgefühl wurde weitgehend zerstört. Psychosomatische Erkrankungen sind an der Tagesordnung. Legasthene oder dyskalkule Jugendliche neigen, sollte nicht eine Person bedingungslos hinter ihnen stehen und ihnen zeigen, dass sie Verständnis für ihre Persönlichkeit hat, nicht allzu selten zu Alkohol- und Drogenmissbrauch bis hin zur Kriminalität. Es gibt internationale Studien darüber, die besagen, dass prozentuell wesentlich mehr Legastheniker in Haftanstalten sitzen als nicht legasthene Menschen. So weit sollte es aber nicht kommen! Hilfe für das jeweilige Kind muss unbedingt vorher einsetzen.

Zur Legasthenie und zum Alkohol soll hier nur kurz Folgendes zum besseren Verständnis vermerkt sein: Legasthene Menschen beschreiben den Zustand, wenn sie eine geringe Menge Alkohol getrunken haben, als einen einfach klareren. Ihre Sichtweisen ändern sich, und sie können sogar besser schreiben und lesen als im nüchternen Zustand. Ein schwerer Legastheniker beschrieb dies so: "Trinken Sie einige Achtel Wein und drehen Sie sich dann einige Male im Kreis. So wie Sie dann empfinden werden, so fühle ich mich im nüchternen Zustand, wenn ich lesen muss. Das ändert sich aber, wenn ich Alkohol getrunken habe. Dann ist meine Buchstabensperre plötzlich wie weggeblasen, und ich kann Buchstaben anders sehen."

Eine weitere Erörterung erübrigt sich hier. Einen Zustand, der einem angenehm ist, versucht man doch öfter zu erreichen, oder? Legastheniker sollten diese Beschreibung aber nicht als Anregung, sondern als Warnung betrachten. Es könnte schlimme Folgen haben, sich mit Alkohol eine kurze Phase der anderen Empfindung zu erkaufen.

Zurück aber zu unseren frustrierten Kindern. Wie wenig verhaltensauffällige Kinder wir in unseren Schulen haben könnten, hat Frau Dr. Edith Klasen in einer Studie festgestellt. Demnach ist ein Großteil aller verhaltensauffälligen Kinder in unseren Schulen "nur" legasthen.

Hätten diese Kinder also von Anfang an einen Unterricht, der ihren Anforderungen entspräche, bliebe es aus, dass wir verhaltensauffällige Kinder "produzierten", somit viel Leid und Frustration, speziell auch in den Familien von betroffenen Kindern. Man sollte nämlich die Belastung, die Eltern durchmachen, weil sie ja auch meist nicht wissen, was mit ihren offensichtlich durchaus intelligenten Kindern los ist, nicht unterschätzen. Wenig hilfreich sind dann Lehrer, die diesen armen Eltern nur dazu raten, mit den Kindern mehr zu "üben". Mehr Übung bringt nur mehr Frustration, weil der Erfolg durch die Mehrübung bei legasthenen und dyskalkulen Kindern weitgehend ausbleibt.

Legasthene und dyskalkule Kinder müssen allgemein mehr üben, um auf den gleichen Standard wie ihre nicht legasthenen/nicht dyskalkulen Schulkameraden zu kommen. Es muss ihnen an der Basis geholfen werden, an ihren Sinneswahrnehmungen oder Funktionen, die anders arbeiten als bei anderen Kindern. Eine Schärfung der Sinne soll die Folge sein und somit das weitgehend fehlerlose Schreiben, Lesen und Rechnen. Wichtig ist es auch, mit Übungen zur Steigerung der Aufmerksamkeit dem legasthenen Kind zu helfen, da dieses aus dem Angebot der unzähligen Reize, die ständig auf den Menschen einströmen, nicht so auswählen kann wie ein nicht legasthenes/nicht dyskalkules Kind.

- → **Schon im Vorschulalter Anzeichen**
- → **Vielfalt von Erscheinungsformen**
- → **Krabbelphase ist wichtig für die Lese- und Schreibkoordination**
- → **In der Verwandtschaft sind oftmals Betroffene zu beobachten**
- → **Schneller denken als handeln**
- → **Hohe Kreativität und Auffassungsgabe, umfassendes technisches Verständnis**
- → **Nach Schuleintritt erste Probleme beim Lesen, Schreiben und/oder Rechnen**
- → **Vermehrtes Üben alleine bringt keine wesentlichen Verbesserungen**
- → **Unaufmerksamkeit, Frustration und Abwehrhaltung**
- → **Zerstörung des Selbstwertgefühles**
- → **Psychische Erkrankungen, Alkohol- und Drogenmissbrauch, Kriminalität**
- → **Ein Großteil von verhaltensauffälligen Kindern in unseren Schulen sind "nur" legasthen**
- → **Wichtig: Aufmerksamkeitssteigerung und das Schärfen der Sinne, erst an dritter Stelle das Üben an den Fehlern**
- → **An der Basis helfen**

Die Rolle der Sinneswahrnehmungen

Der Grundsatz der Pädagogik für ein erfolgreiches Lernen, „Sehen-Hören-Verstehen“, bewährt sich auch bei der Förderung von Kindern mit Schreib-, Lese- oder Rechenproblemen.

Die visuelle, auditive und räumliche Sinneswahrnehmung, Teilleistungen oder auch Funktionen genannt - die Fähigkeiten, mit denen Menschen die Umwelt wahrnehmen -, spielen eine wesentliche Rolle beim Erlernen des Schreibens, Lesens oder Rechnens. Legasthene und dyskalkule Menschen haben eine besondere Informationsverarbeitung und haben deshalb eine besondere Lernfähigkeit.

Dieser Umstand ist zumal für Mitmenschen nicht fassbar und auch nicht glaubhaft. Es ist Mode geworden, alles Unfassbare abzulehnen, und Ablehnung erfahren legasthene/dyskalkule Kinder in jeder Menge. Starke Skepsis wird ihnen entgegengebracht, die meist nur auf mangelnder Information beruht.

Warum kommt es nun zu sogenannten Fehlleistungen von legasthenen/dyskalkulen Kindern? Sind sie denn nicht nur ganz einfach zu dumm, das Schreiben und Lesen oder das Rechnen zu begreifen? Nein! Das visuelle, auditive oder räumliche Bewusstsein muss bei legasthenen und dyskalkulen Menschen gestärkt werden.

Der Grund, warum diese Menschen Buchstaben oder Ziffern different empfinden, liegt darin, dass die Gehirnfunktionen abweichend arbeiten. Dies wiederum hat nichts mit der individuellen Intelligenz des jeweiligen Menschen zu tun. Dies hier medizinisch ausführlich zu besprechen, ist aber nicht möglich. Es sei nur so viel gesagt, dass Hirnforscher bereits legasthene Gehirne durch CT (Computertomografie) oder MR (Magnetresonanz) von nicht legasthenen unterscheiden können. Damit wäre die dümmliche Frage, die oft gestellt wird, ob es Legasthenie denn tatsächlich gäbe, ein für alle Mal ausgeräumt.

Natürlich gibt es viele "Dummschwätzer" unter den Menschen, denen vielleicht dieser Beweis noch immer nicht reicht. Doch für diese ist wirklich jede Zeile umsonst geschrieben. Jene, die noch immer glauben, Legasthenie sei nur die Ausrede reicher Leute für ihre dummen Kinder, sollen dann eben selbst dumm sterben. Es gibt aber auch Menschen, welche die Legasthenie oder Dyskalkulie nur deshalb leugnen, weil sie ihr im Grunde so hilflos gegenüberstehen oder weil sie Interventionen scheuen. Doch dagegen kann man etwas tun, wenn man wirklich will, wenn es auch nicht leicht ist.

Betrachten wir nun ein Kind, das zum Beispiel eine Ansage schreibt. Welche Funktionen werden dazu gebraucht, welche Teilleistungen muss das Kind nun erbringen?

Frau Dr. Jitka Scharinger und Herr Volksschuloberlehrer Friedrich Scharinger haben dies in ihrer Ausführung über die Teilleistungsproblematik ganz eindrucksvoll beschrieben. Es soll an dieser Stelle wiedergegeben werden:

"Zuerst muss das Kind die Stimme des Lehrers aus allen anderen Geräuschen genau herausfiltern können, die es so in der Klasse, vor der Klasse oder vor dem Fenster gibt. Diese Leistung hängt mit der akustischen Differenzierung zusammen. Weiters muss das Kind verstehen, was der Lehrer gesagt hat, und es sich auch merken. Das ist wiederum eine Leistung des akustischen Gedächtnisses. Nun wird der Satz in die einzelnen Worte und das Wort in die einzelnen Laute zerlegt, da spricht man von akustischer Serialität. Hier ist es sehr wichtig, dass das Kind die ähnlich klingenden Laute voneinander unterscheiden kann. Es folgt nun das Umdenken der Laute in die richtigen Buchstaben. Dabei dürfen ähnlich aussehende Buchstaben nicht miteinander verwechselt werden. Hierfür braucht das Kind die Funktionen der optischen Differenzierung und des optischen Gedächtnisses und der Raumwahrnehmung. Dann müssen die Buchstaben der jeweiligen Wörter in die richtige Reihenfolge gebracht werden. Dazu muss das Kind die richtige Schreibbewegung mit der Hand ausführen. Dafür braucht das Kind wieder die Funktionen der optischen Serialität und der Raumwahrnehmung. Schließlich muss das Kind die verschiedenen Bedeutungen, zum Beispiel Hauptwort oder Zeitwort, und die Beziehungen der einzelnen Wörter im Satz erkennen, um problemlos schreiben zu können. Hier kommen die Sinneswahrnehmungen des optischen Gedächtnisses zum Tragen. Sollten alle diese verschiedenen Funktionen beim Kind nun arbeiten, dann wird erst eine fehlerfreie Ansage im Heft stehen!"

Optik, Akustik, Raumwahrnehmung sind nun die Zauberworte, welche beim Nichtfunktionieren eine sogenannte Legasthenie im Schreib- und Lesebereich oder eine sogenannte Dyskalkulie im Rechenbereich und dadurch eine zeitweise Unaufmerksamkeit und die sich daraus ergebenden Wahrnehmungsfehler hervorrufen können. Es ist wichtig, zu erkennen, dass Probleme in zwei oder mehreren Teilleistungsgebieten eine Legasthenie oder Dyskalkulie hervorrufen. Wichtig ist auch, zu wissen, dass sowohl bei einer Legasthenie als auch bei einer Dyskalkulie die gleichen Sinneswahrnehmungen, Funktionen oder Teilleistungen betroffen sind. Es können alle drei Bereiche, Schreiben - Rechnen - Lesen, isoliert, aber auch gemeinsam betroffen sein.

Dyskalkulie wird oft auch bei Kindern vermutet, die nach guten Leistungen in den ersten Schuljahren plötzlich im Rechnen Probleme bekommen. Meist hängt dies damit zusammen, dass nun Textrechnungen in der Schule auf dem Programm stehen und die Kinder nicht beim Rechnen, sondern beim Lesen der Textaufgaben scheitern. Da sie den Text nicht verstehen, schaffen sie auch den Rechnungsansatz nicht. Dieser Umstand hängt dann aber eher mit den Leseproblemen zusammen.

Dyskalkulie äußert sich eher in Form von Problemen schon beim Behalten der Symbole, also der einzelnen Ziffern, bei dem Nichterkennen von Mengen und den dazugehörigen Ziffern oder Zahlen, bei Zahlenstürzen und Umkehrungen, wie zum Beispiel 51 statt 15, oder die Betroffenen scheitern bei den Grundrechenarten. Auch Zahlenräume können sich Kinder mit Dyskalkulie nicht gut vorstellen. Sie haben meist keine Idee, wie oft 100 in 1000 enthalten ist. Aber auch beim Erlernen des Einmaleins können Schwierigkeiten auftreten.

Um nun ein legasthenes Kind verstehen zu können, muss man hinter das Phänomen blicken, sonst wird das schwer gelingen. Dazu ist es sehr wichtig, genau über die Wirkung der verschiedenen Sinneswahrnehmungen, die man für das Schreiben, Lesen und Rechnen benötigt, Bescheid zu wissen.

Die Optik oder die visuelle Wahrnehmung

Um jedermann bildlich zu machen, wie ein legasthener Mensch zeitweise Geschriebenes optisch wahrnimmt, haben amerikanische Wissenschaftler versucht, dies darzustellen.
Hätten wir solche Beispiele nicht, wäre es für einen nicht legasthenen Menschen sehr schwer, sich diese Sichtweisen vorzustellen.

Mögliche Sichtweisen bei differenter optischer Wahrnehmung

Heiligenschein – leichte Form

Die Außerirdischen sind uns sehr ähnlich. Sie atmen,essen und trinken, aber sie können nicht sprechen, denn sie kommunizieren durch Telepathie. Die Aliens tragen biochemische Anzüge. Sie sind darauf aus uns alle zu vernichten und wollen unsere lebensnotwendigen Rohstoffe tanken

2.JULI: 30 fremde Raumschiffe, die so groß wie eine Stadt sind, plazieren sich über den größten Städten der Welt. David entdeckt ein verstecktes Signal. Der Countdown läuft...

3.JULI: Explosionsartig verdunkelt sich der Himmel - die Invasion aus einer anderen Welt hat begonnen. L.A., Moskau, London...gibt es nicht mehr. Mit gigantischen Raumschiffen legen sie unsere Zentren in Schutt und Asche. Doch sie wollen mehr...

4.JULI: Wir sind nicht mehr viele und wir haben Angst, denn wir kennen ihr Ziel: Die totale Vernichtung der Menschheit! Doch heute ist der Tag an dem wir zurückschlagen, denn heute ist unser "INDEPENDENCE DAY"!

Heiligenschein – mittelschwere Form

Die Außerirdischen sind uns sehr ähnlich. Sie atmen,essen und trinken, aber sie können nicht sprechen, denn sie kommunizieren durch Telepathie. Die Aliens tragen biochemische Anzüge. Sie sind darauf aus uns alle zu vernichten und wollen unsere lebensnotwendigen Rohstoffe tanken.

2.JULI: 30 fremde Raumschiffe, die so groß wie eine Stadt sind, plazieren sich über den größten Städten der Welt. David entdeckt ein verstecktes Signal. Der Countdown läuft...

3.JULI: Explosionsartig verdunkelt sich der Himmel - die Invasion aus einer anderen Welt hat begonnen. L.A., Moskau, London...gibt es nicht mehr. Mit gigantischen Raumschiffen legen sie unsere Zentren in Schutt und Asche. Doch sie wollen mehr...

4.JULI: Wir sind nicht mehr viele und wir haben Angst, denn wir kennen ihr Ziel: Die totale Vernichtung der Menschheit! Doch heute ist der Tag an dem wir zurückschlagen, denn heute ist unser "INDEPENDENCE DAY"!

Heiligenschein – schwere Form

Die Außerirdischen sind uns sehr ähnlich. Sie atmen,essen und trinken, aber sie können nicht sprechen, denn sie kommunizieren durch Telepathie. Die Aliens tragen biochemische Anzüge. Sie sind darauf aus uns alle zu vernichten und wollen unsere lebensnotwendigen Rohstoffe tanken.

2.JULI: 30 fremde Raumschiffe, die so groß wie eine Stadt sind, plazieren sich über den größten Städten der Welt. David entdeckt ein verstecktes Signal. Der Countdown läuft...

3.JULI: Explosionsartig verdunkelt sich der Himmel - die Invasion aus einer anderen Welt hat begonnen. L.A., Moskau, London...gibt es nicht mehr. Mit gigantischen Raumschiffen legen sie unsere Zentren in Schutt und Asche. Doch sie wollen mehr...

4.JULI: Wir sind nicht mehr viele und wir haben Angst, denn wir kennen ihr Ziel: Die totale Vernichtung der Menschheit! Doch heute ist der Tag an dem wir zurückschlagen, denn heute ist unser "INDEPENDENCE DAY"!

Verwaschen – leichte Form

Die Außerirdischen sind uns sehr ähnlich. Sie atmen,essen und trinken, aber sie können nicht sprechen, denn sie kommunizieren durch Telepathie. Die Aliens tragen biochemische Anzüge. Sie sind darauf aus uns alle zu vernichten und wollen unsere lebensnotwendigen Rohstoffe tanken.
2.JULI: 30 fremde Raumschiffe, die so groß wie eine Stadt sind, plazieren sich über den größten Städten der Welt. David entdeckt ein verstecktes Signal. Der Countdown läuft...
3.JULI: Explosionsartig verdunkelt sich der Himmel - die Invasion aus einer anderen Welt hat begonnen. L.A., Moskau, London...gibt es nicht mehr. Mit gigantischen Raumschiffen legen sie unsere Zentren in Schutt und Asche. Doch sie wollen mehr...
4.JULI: Wir sind nicht mehr viele und wir haben Angst, denn wir kennen ihr Ziel: Die totale Vernichtung der Menschheit! Doch heute ist der Tag an dem wir zurückschlagen, denn heute ist unser "INDEPENDENCE DAY"!

Verwaschen – mittelschwere Form

Die Außerirdischen sind uns sehr ähnlich. Sie atmen,essen und trinken, aber sie können nicht sprechen, denn sie kommunizieren durch Telepathie. Die Aliens tragen biochemische Anzüge. Sie sind darauf aus uns alle zu vernichten und wollen unsere lebensnotwendigen Rohstoffe tanken.
2.JULI: 30 fremde Raumschiffe, die so groß wie eine Stadt sind, plazieren sich über den größten Städten der Welt. David entdeckt ein verstecktes Signal. Der Countdown läuft...
3.JULI: Explosionsartig verdunkelt sich der Himmel - die Invasion aus einer anderen Welt hat begonnen. L.A., Moskau, London...gibt es nicht mehr. Mit gigantischen Raumschiffen legen sie unsere Zentren in Schutt und Asche. Doch sie wollen mehr...
4.JULI: Wir sind nicht mehr viele und wir haben Angst, denn wir kennen ihr Ziel: Die totale Vernichtung der Menschheit! Doch heute ist der Tag an dem wir zurückschlagen, denn heute ist unser "INDEPENDENCE DAY"!

Verwaschen – schwere Form

Die Außerirdischen sind uns sehr ähnlich. Sie atmen,essen und trinken, aber sie können nicht sprechen, denn sie kommunizieren durch Telepathie. Die Aliens tragen biochemische Anzüge. Sie sind darauf aus uns alle zu vernichten und wollen unsere lebensnotwendigen Rohstoffe tanken.
2.JULI: 30 fremde Raumschiffe, die so groß wie eine Stadt sind, plazieren sich über den größten Städten der Welt. David entdeckt ein verstecktes Signal. Der Countdown läuft...
3.JULI: Explosionsartig verdunkelt sich der Himmel - die Invasion aus einer anderen Welt hat begonnen. L.A., Moskau, London...gibt es nicht mehr. Mit gigantischen Raumschiffen legen sie unsere Zentren in Schutt und Asche. Doch sie wollen mehr...
4.JULI: Wir sind nicht mehr viele und wir haben Angst, denn wir kennen ihr Ziel: Die totale Vernichtung der Menschheit! Doch heute ist der Tag an dem wir zurückschlagen, denn heute ist unser "INDEPENDENCE DAY"!

Verwischt – leichte Form

Die Außerirdischen sind uns sehr ähnlich. Sie atmen,essen und trinken, aber sie können nicht sprechen, denn sie kommunizieren durch Telepathie. Die Aliens tragen biochemische Anzüge. Sie sind darauf aus uns alle zu vernichten und wollen unsere lebensnotwendigen Rohstoffe tanken.
2.JULI: 30 fremde Raumschiffe, die so groß wie eine Stadt sind, plazieren sich über den größten Städten der Welt. David entdeckt ein verstecktes Signal. Der Countdown läuft...
3.JULI: Explosionsartig verdunkelt sich der Himmel - die Invasion aus einer anderen Welt hat begonnen. L.A., Moskau, London...gibt es nicht mehr. Mit gigantischen Raumschiffen legen sie unsere Zentren in Schutt und Asche. Doch sie wollen mehr...
4.JULI: Wir sind nicht mehr viele und wir haben Angst, denn wir kennen ihr Ziel: Die totale Vernichtung der Menschheit! Doch heute ist der Tag an dem wir zurückschlagen, denn heute ist unser "INDEPENDENCE DAY"!

Verwischt – mittelschwere Form

Die Außerirdischen sind uns sehr ähnlich. Sie atmen,essen und trinken, aber sie können nicht sprechen, denn sie kommunizieren durch Telepathie. Die Aliens tragen biochemische Anzüge. Sie sind darauf aus uns alle zu vernichten und wollen unsere lebensnotwendigen Rohstoffe tanken.
2.JULI: 30 fremde Raumschiffe, die so groß wie eine Stadt sind, plazieren sich über den größten Städten der Welt. David entdeckt ein verstecktes Signal. Der Countdown läuft...
3.JULI: Explosionsartig verdunkelt sich der Himmel - die Invasion aus einer anderen Welt hat begonnen. L.A., Moskau, London...gibt es nicht mehr. Mit gigantischen Raumschiffen legen sie unsere Zentren in Schutt und Asche. Doch sie wollen mehr...
4.JULI: Wir sind nicht mehr viele und wir haben Angst, denn wir kennen ihr Ziel: Die totale Vernichtung der Menschheit! Doch heute ist der Tag an dem wir zurückschlagen, denn heute ist unser "INDEPENDENCE DAY"!

Verwischt – schwere Form

Die Außerirdischen sind uns sehr ähnlich. Sie atmen,essen und trinken, aber sie könne nicht sprechen, denn sie kommunizieren durch Telepathie. Die Aliens tragen biochemisch Anzüge. Sie sind darauf aus uns alle zu vernichten und wollen unsere lebensnotwendige Rohstoffe tanken.
2.JULI: 30 fremde Raumschiffe, die so groß wie eine Stadt sind, plazieren sich über de größten Städten der Welt. David entdeckt ein verstecktes Signal. Der Countdown läuft...
3.JULI: Explosionsartig verdunkelt sich der Himmel - die Invasion aus einer anderen We hat begonnen. L.A., Moskau, London...gibt es nicht mehr. Mit gigantischen Raumschiffe legen sie unsere Zentren in Schutt und Asche. Doch sie wollen mehr...
4.JULI: Wir sind nicht mehr viele und wir haben Angst, denn wir kennen ihr Ziel: Die total Vernichtung der Menschheit! Doch heute ist der Tag an dem wir zurückschlagen, den heute ist unser "INDEPENDENCE DAY"!

Geschüttelt – leichte Form

Die Außerirdischen sind uns sehr ähnlich. Sie atmen,essen und trinken, aber sie können nicht sprechen, denn sie kommunizieren durch Telepathie. Die Aliens tragen biochemische Anzüge. Sie sind darauf aus uns alle zu vernichten und wollen unsere lebensnotwendigen Rohstoffe tanken.

2.JULI: 30 fremde Raumschiffe, die so groß wie eine Stadt sind, plazieren sich über den größten Städten der Welt. David entdeckt ein verstecktes Signal. Der Countdown läuft...

3.JULI: Explosionsartig verdunkelt sich der Himmel - die Invasion aus einer anderen Welt hat begonnen. L.A., Moskau, London...gibt es nicht mehr. Mit gigantischen Raumschiffen legen sie unsere Zentren in Schutt und Asche. Doch sie wollen mehr...

4.JULI: Wir sind nicht mehr viele und wir haben Angst, denn wir kennen ihr Ziel: Die totale Vernichtung der Menschheit! Doch heute ist der Tag an dem wir zurückschlagen, denn *heute ist unser "INDEPENDENCE DAY"!*

Geschüttelt – mittelschwere Form

Die Außerirdischen sind uns sehr ähnlich. Sie atmen,essen und trinken, aber sie können nicht sprechen, denn sie kommunizieren durch Telepathie. Die Aliens tragen biochemische Anzüge. Sie sind darauf aus uns alle zu vernichten und wollen unsere lebensnotwendigen Rohstoffe tanken.

2.JULI: 30 fremde Raumschiffe, die so groß wie eine Stadt sind, plazieren sich über den größten Städten der Welt. David entdeckt ein verstecktes Signal. Der Countdown läuft...

3.JULI: Explosionsartig verdunkelt sich der Himmel - die Invasion aus einer anderen Welt hat begonnen. L.A., Moskau, London...gibt es nicht mehr. Mit gigantischen Raumschiffen legen sie unsere Zentren in Schutt und Asche. Doch sie wollen mehr...

4.JULI: Wir sind nicht mehr viele und wir haben Angst, denn wir kennen ihr Ziel: Die total Vernichtung der Menschheit! Doch heute ist der Tag an dem wir zurückschlagen, denn *heute ist unser "INDEPENDENCE DAY"!*

Geschüttelt – schwere Form

Die Außerirdischen sind uns sehr ähnlich. Sie atmen,essen und trinken, aber sie können nicht sprechen, denn sie kommunizieren durch Telepathie. Die Aliens tragen biochemische Anzüge. Sie sind darauf aus uns alle zu vernichten und wollen unsere lebensnotwendigen Rohstoffe tanken.

2.JULI: 30 fremde Raumschiffe, die so groß wie eine Stadt sind, plazieren sich über den größten Städten der Welt. David entdeckt ein verstecktes Signal. Der Countdown läuft...

3.JULI: Explosionsartig verdunkelt sich der Himmel - die Invasion aus einer anderen Welt hat begonnen. L.A., Moskau, London...gibt es nicht mehr. Mit gigantischen Raumschiffen legen sie unsere Zentren in Schutt und Asche. Doch sie wollen mehr...

4.JULI: Wir sind nicht mehr viele und wir haben Angst, denn wir kennen ihr Ziel: Die total Vernichtung der Menschheit! Doch heute ist der Tag an dem wir zurückschlagen, denn *heute ist unser "INDEPENDENCE DAY"!*

Nachdem man sich mit diesen Bildern auseinandergesetzt und erkannt hat, dass es sich hier nicht um schlechte Kopien handelt, kann man sich vielleicht eine bessere Vorstellung davon machen, wie Legastheniker zeitweise wahrnehmen. Besondere Schwierigkeiten ergeben sich im Umgang mit Symbolen und abstrakten Dingen, wenn diese flach erscheinen. Alles, was hingegen körperhaft bzw. in einer Dreidimensionalität erscheint, wird ohne Probleme erfasst. Man könnte auch einen Feldstecher nehmen, ihn umgekehrt halten und versuchen, nun über Hindernisse zu steigen. Man würde merken, wie schwer dieses Unterfangen ist und wie sich plötzlich die Wahrnehmung verändert.

Die Optik ist aber nur eine von mehreren Sinneswahrnehmungen, die von einem legasthenen/ dyskalkulen Menschen different empfunden werden kann. Sie kann aber auch ebenso gut funktionieren wie bei anderen Menschen und völlig intakt sein.

Hat nun ein Kind Probleme mit der **optischen Differenzierung**, so fehlt ihm die Fähigkeit, geringfügige Unterschiede herauszufiltern. Optische Dinge, die ähnlich aussehen, werden nicht als ungleich erkannt, zum Beispiel werden h und k oder o und a als gleich angesehen. Dies führt natürlich automatisch zu Fehlern. Kinder mit einer veränderten optischen Differenzierung können auch Stimmungen von den Gesichtern der Mitmenschen nicht ablesen und werden deshalb oft von Überreaktionen des Lehrers völlig überrascht.

SYMBOLE

BUCHSTABEN

Aa Bb Cc Dd Ee Ff Gg Hh Ii
Jj Kk Ll Mm Nn Oo Pp Qq Rr
Ss Tt Uu Vv Ww Xx Yy Zz ß

SATZZEICHEN

. , ; ! ? : „" ( ) -

ZIFFERN / OPERATOREN

0 1 2 3 4 5 6 7 8 9 + - : x

MUSIKNOTEN

STENOGRAPHIESYMBOLE

Diese Kinder erkennen oft aus der Fülle des Angebotes nicht das Wichtigste heraus. Sie können ihre Aufmerksamkeit schwer auf den Lehrer lenken. Sie werden dann von Lehrern, aber auch von Eltern laienhaft als unkonzentriert bezeichnet. Wenn man legasthene Kinder beim Spielen beobachtet, bei Tätigkeiten, die ihnen Spaß machen, ist umso erstaunlicher, dass sie vertieft, die ganze Umwelt vergessend, sich oft stundenlang einer Sache widmen können. So ein Kind soll nun unkonzentriert sein? Das Nachlassen der Aufmerksamkeit hängt bei diesen Menschen unmittelbar mit dem Auftauchen der Symbole, Buchstaben oder Ziffern, zusammen.

Diese Kinder müssen alles **a n g r e i f e n**, um es zu **b e g r e i f e n**. Sie können Muster kaum richtig abzeichnen und haben Schwierigkeiten beim Unterscheiden der Farben und der Formen.

Das Schreiben und Erkennen der Buchstaben wird für sie zur Schwierigkeit, auch das Verwechseln der verschiedenen Buchstaben. Überhaupt ist das Unterscheiden der Buchstaben oder Ziffern für sie keine leichte Übung. Es kommt zu Abschreibfehlern, zum Beispiel von der Tafel. Diese Fehler rufen wiederum die Aggression der Erwachsenen hervor, die nicht verstehen können, warum ein Mensch das, was er sieht, nicht richtig wiedergeben kann. Für einen Menschen, der um das Phänomen der Legasthenie/Dyskalkulie nicht Bescheid weiß, ist es zugegebenermaßen sehr schwer zu erfassen, dass Wörter oder Rechenoperationen, die unmittelbar vor einem stehen, nicht richtig reproduziert werden können. Überlegt man aber den schwierigen Prozess, den hierbei das Gehirn leistet, so wird man schon eher verstehen, dass sich ein Kind mit Schwierigkeiten in der Optik hier nicht so leicht tut wie angenommen. In diesem Zusammenhang sei nochmals betont, dass für legasthene Menschen der Buchstabe oder für dyskalkule Menschen Ziffern oder Zahlen nur Symbole sind, nichts Natürliches, vom Menschen erdacht, die nicht die gleiche Aussagekraft besitzen wie für andere Menschen. Auch Zahlen fallen bei manchen legasthenen Menschen in diesen Bereich. Wie aber schon vorher erwähnt, muss nicht immer der Buchstaben- und Zahlenbereich betroffen sein. Am häufigsten sind Kinder mit Lese- und Schreibproblemen zu beobachten. Manche davon haben auch zusätzlich eine genetisch bedingte Rechenproblematik, Dyskalkulie genannt. Es gibt aber auch Kinder, die eine isolierte Dyskalkulie haben. Wie schon erwähnt, beruhen aber sowohl die Dyslexie (Legasthenie) als auch die Dyskalkulie auf den gleichen anders arbeitenden Funktionen in den verschiedenen Gebieten der Teilleistungen.

Um nochmals auf die Symbolik der Buchstaben oder Zahlen zurückzukommen: Man muss unbedingt wissen, dass diese Symbole von legasthenen/dyskalkulen Menschen sehr schwer gespeichert werden können, weil ihnen diese einfach nicht dasselbe sagen wie anderen Menschen. Da zahlreiche legasthene/dyskalkule Menschen ihr Leben lang über ein bildhaftes Gedächtnis verfügen, haben sie diese Schwierigkeiten mit den Symbolen. Dazu können auch Musiknoten gehören oder die Zeichen der Stenografie. Stellen Sie sich einmal vor, was passiert, wenn sie das Wort "Baum" hören. Beobachten Sie sich selbst! Erscheinen Ihnen die Buchstaben, die das Wort bilden, zuerst oder

der Baum? Sollten Sie ein nicht legasthener Mensch sein, so werden sie zuerst die Buchstaben sehen und dann den Baum im Hintergrund. Wenn jemand ein Wort schon mehrmals geschrieben hat, so speichert er dies in seinem Gedächtnis ab und kann es dann wieder hervorholen, wenn er es braucht. Beim legasthenen Menschen verläuft dieser Vorgang aber viel langsamer und wesentlich komplizierter. Denn dieser hat automatisch den Baum im Gedächtnis und nicht das Wort, wenn er das Wort "Baum" hört.

Der Vorgang, durch den das bildhafte Gedächtnis in den Hintergrund gedrängt wird, sobald wir die Buchstaben lernen, vollzieht sich zirka mit dem siebenten Lebensjahr. Durch diesen Vorgang sind nun die Buchstaben für ein bestimmtes Wort im Vordergrund parat. Dies vollzieht sich beim legasthenen Menschen nicht. Deshalb hat er so große Mühe, Wörter zu speichern und wieder abzurufen, wenn er sie braucht. Auch bei oftmaliger Übung gelingt es ihm nur fallweise. Dies wiederum lässt viele Mitmenschen glauben, mit der Intelligenz dieser Menschen sei es nicht weit her. Deshalb muss legasthenen Menschen an den Wurzeln, sprich bei den Teilleistungen, die teilweise unterschiedlich funktionieren, geholfen werden. Damit gibt man ihnen die Möglichkeit, auch die Hürde des Lesens und des Schreibens oder des Rechnens zu überwinden.

Ganz abgesehen davon, dass diese Menschen meist über ein sehr liebenswürdiges, empfindsames, anlehnungsbedürftiges Wesen verfügen, sind sie auch imstande, zwei oder mehrere Gedanken gleichzeitig zu verfolgen und zu Ende zu führen. Beispielsweise sehen diese Menschen fern und können im selben Augenblick auch der Unterhaltung zweier Personen folgen. Befragt, können sie exakt das Geschehen im TV sowie auch das Gespräch wiedergeben. Probieren Sie es, sollten Sie nicht betroffen sein, wird es Ihnen nur mit größter Anstrengung gelingen. Aber auch die Sturheit ist ein Persönlichkeitsmerkmal, wie auch die eiserne Kompromisslosigkeit!

Andererseits haben diese Menschen aber eine Beobachtungsgabe, die erstaunlich ist. Sie ist wesentlich intensiver und kann auch als außerordentliches Feingefühl bezeichnet werden. Speziell Vorgänge am Computer werden von diesen Menschen schneller und besser aufgenommen. Diese Tatsache spiegelt sich auch darin wider, dass in Kalifornien, im sogenannten Silicon Valley, die Mehrzahl der dort beschäftigten Programmierer legasthen ist, Näheres dazu später.

Das **optische Gedächtnis** kann, muss aber nicht, so wie es auch bei den anderen Funktionen der Fall ist, anders arbeiten. Absichtlich wird vermieden, immer wieder von Schwächen und Störungen zu sprechen. Tatsächlich ist es eine differente Wahrnehmung, für die niemand verantwortlich gemacht werden sollte, auch nicht die Betroffenen selbst. Menschen mit einem differenten optischen Gedächtnis haben oft nicht die Fähigkeit, sich bestimmte Farben, Formen, Bilder, Muster oder Gegenstände zu merken. Diese optischen Informationen können nicht oder nur schwer gespeichert werden. Somit gelingt natürlich auch die Wortbildeinprägung sehr schlecht. Schwierigkeiten haben diese Kinder auch dann, wenn sie Muster aus dem Gedächtnis nachzeichnen sollen. Es kommt zur Verwechslung von o und a oder h und k oder f und t oder m und n. Das sehr genaue und oftmalige Hinschauen auf die Vorlage beim Abschreiben ist bei diesen Kindern sehr auffällig. Sie haben auch große Probleme, gewisse Textstellen beim Lesen wiederzufinden. Im Zusammenhang mit der Entwicklung der Leseschablone wurde eine ausführliche Studie über die Farbempfindungen legasthener Menschen erstellt. Es zeigte sich, dass die Farbe Blau mit Abstand am beliebtesten war, gefolgt von Rosa und Gelb. Ablehnung wurde bei den Farben Rot, Orange, Lila, Braun und Grün bemerkt.

Die **optische Serialität** ist die Leistung, zu wissen, welcher Buchstabe im Wort zuerst kommt und welcher danach.

Wichtig ist es also, unter anderem das visuelle oder optische Bewusstsein zu fördern!

Die Akustik oder die auditive Wahrnehmung

Die nächste differente Wahrnehmung, die mitunter eine Legasthenie ausmacht, kann in der Akustik, also im nicht korrekten Hören liegen. Von differenter **akustischer Differenzierung** spricht man, wenn der legasthene Mensch nicht genau das hört, was andere Menschen hören. Laute können nicht richtig aufgenommen, gewisse Laute nicht aus dem Hintergrund herausgefiltert werden. Es kommt dazu, dass zum Beispiel harte und weiche Konsonanten nicht auseinandergehalten werden können. Verwechslungen, wie k und g, v und f, ä und e, d und t usw., sind die Folge. Unterschiedliche Zwie- und Umlaute werden verwechselt.

Diese Kinder können oft das Wesentliche aus dem Gehörten nicht herausfiltern. Auch werden Laute einem oder mehreren falschen Buchstaben zugeordnet. Zu Schwierigkeiten kommt es auch beim Unterscheiden des Gehörten. So kann es passieren, dass ein legasthenes Kind zwischen Sand und Land oder Vasen und Hasen keinen Unterschied hört. Dies passiert auch im Zusammenhang mit Ziffern oder Zahlen. Dazu soll aber bemerkt werden, dass es sich hierbei nicht um ein schlechtes physisches Hören handelt, sondern darum, dass diese Hörprobleme ausschließlich mit der differenten Verarbeitung im Gehirn des legasthenen oder dyskalkulen Menschen zusammenhängen.

Es sei aber an dieser Stelle angemerkt, dass bei dem Verdacht auf Legasthenie oder Dyskalkulie abzuklären ist, ob sowohl das körperliche Sehen als auch das körperliche Hören ohne Befund sind. Ein Augenarzt und ein Ohrenarzt sollten unbedingt ihre Diagnosen stellen. Der Ohrenarzt kann durch ein Audiogramm feststellen, ob ein Mensch in allen wichtigen Frequenzbereichen hören kann.

Das **akustische Gedächtnis** ist dazu da, dass man Gehörtes wiedergeben kann. Auch hier beobachtet man bei legasthenen oder dyskalkulen Menschen oft eine differente Verarbeitung des Gehörten.

Die **akustische Serialität** bezeichnet die Leistung, zu hören, welcher Buchstabe oder welche Ziffer zuerst kommt und welcher nachher oder mit welchem Buchstaben ein Wort beginnt oder endet.

Wichtig ist es also, unter anderem das auditive oder akustische Bewusstsein zu fördern!

Die Raumwahrnehmung

Legasthene oder dyskalkule Menschen können auch große Schwierigkeiten mit Distanzen haben. Diese werden allgemein als Probleme in der Raumwahrnehmung bezeichnet, doch es steckt wesentlich mehr dahinter.

Sie können gewisse Positionen im Raum nicht richtig einschätzen. Es passiert, dass sie nicht genau wissen, wo sie im Heft zu schreiben anfangen sollen. Am Ende der Zeile werden die Buchstaben immer kleiner oder zusammengedrückt. Das Kind weiß nicht genau, wie viele Wörter in die Zeile hineinpassen könnten. Der Handlungsablauf, zum Beispiel beim Anziehen, kann verkehrt herum stattfinden. In der Schultasche oder auch in der Umgebung ist ein Chaos, das so manchen befremden könnte. Interessant dabei ist aber nur, dass legasthene oder auch dyskalkule Menschen bei ihrer "eigenen" Ordnung zumeist immer wissen, wo sie ihre Sachen finden können.

Menschen mit räumlichen Problemen finden sich auch allgemein in einer unbekannten Umgebung sehr schlecht zurecht. Schon beim Merken des Schulweges werden diese Menschen Schwierigkeiten haben, ein oftmaliges Zeigen desselben wird notwendig sein. Das Schätzen von zeitlichen und räumlichen Distanzen, Größen und Einheiten wird zur Plage. Auch das Erlernen der Uhrzeit dauert ungleich lange. Vorteilhaft für diese Kinder ist eine Digitaluhr, an der sie die Zeit wesentlich leichter und schneller identifizieren können. Das Schwimmen und auch das Radfahren werden zumeist später als gewöhnlich erlernt. Sing- und Bewegungsspiele, rhythmische Bewegungen, wie zum Beispiel der Hampelmannsprung, fallen diesen Menschen nicht leicht. Auch der Tastsinn kann beeinträchtigt sein. Es wird dies aber sehr selten beobachtet.

In der Schule fällt auf, dass dieses Kind über ein besonders langsames Lesetempo verfügt. Buchstabenverwechslungen, besonders im Lageunterschied, wie bei b und d oder b und p, seitenverkehrtes Schreiben, Zahlenraumprobleme und vieles andere mehr treten auf.

Durch die differenten Sinneswahrnehmungen kommt es aber auch zu verschiedenen anderen Problemen im täglichen Leben. Bei exakter Vorausplanung von Tätigkeiten oder beim Abschätzen von Handlungen kommt es zu Schwierigkeiten. Regeln bereiten Unbehagen. Legasthene und dyskalkule Kinder sind leicht ablenkbar und unordentlich. Die Problematik des Vorauseilens der Gedanken, bedingt durch differente Sinneswahrnehmungen, spielt eine zentrale Rolle. Dadurch kommt es auch zu Schwierigkeiten beim Aufsatzschreiben. Sie schaffen ein Durcheinander beim Erzählen, verlieren den Faden. Das Vorauseilen der Gedanken kann man bei legasthenen und dyskalkulen Kindern immer beobachten, egal, welche Sinneswahrnehmungsgebiete "ihre" Legasthenie oder Dyskalkulie ausmachen. Sie beschäftigen sich zwar noch mit einer bestimmten

Sache, sind aber mit den Gedanken schon viel weiter. Somit kommt es dann zu Wahrnehmungfehlern, die oft sehr fatale Folgen für das jeweilige Kind haben. Ein nicht legasthener oder nicht dyskalkuler Mensch, dem das ja auch passiert, bedient sich dann unbewusst einer Funktion, die "Gedanken zusammenfassen" heißt. Diesen Menschen gelingt dies nicht oder nicht so leicht, außer sie haben es gelernt. Um das aber zu erlernen, muss man über sehr viel Selbstdisziplin verfügen.

Legasthene Kinder haben auch meist eine große Abneigung gegen lautes Lesen. Auch das Verstehen von Inhalten, wie zum Beispiel bei Nacherzählungen, bereitet ihnen Probleme, genauso wie das Lösen von Textaufgaben. Was wieder dazu führt, dass nicht informierte Personen nun auch generelle Probleme im Rechenbereich vermuten. Sie können sich oftmals schwer verständlich machen, zeigen sehr unreife Arbeitsweisen, langsameres Reagieren und geringere Informationsverarbeitung. Sie sind oft ängstlich und stehen sichtlich unter Druck. All das entsteht aus der Unsicherheit, die das Kind natürlich selbst wahrnimmt.

Im Zusammenhang mit einer Legasthenie oder Dyskalkulie beobachtet man, wenn auch eher selten, Sprach- und Sprechprobleme, die oft so weit führen können, dass das Kind keine zusammenhängenden Sätze sprechen kann.

All diese Problembereiche sind aber immer wieder nur als Teile anzusehen. Kein legasthenes oder dyskalkules Kind zeigt all diese Auffälligkeiten, sondern meist nur einige davon.

Die Einteilung der Sinneswahrnehmungen

Zusammenfassend im Überblick hier noch einmal die international gebräuchlichen Bezeichnungen für die Sinneswahrnehmungen und ihr Wirken beim Schreiben, Lesen und Rechnen.

OPTIK

Optische Differenzierung
ist die Leistung, Gleiches und Ungleiches zu erkennen und auseinanderzuhalten; auch im Symbolbereich.

Optisches Gedächtnis
ist die Leistung, Gesehenes zu behalten, abzuspeichern und bei Bedarf wiederzugeben; auch im Symbolbereich.

Optische Serialität
ist die Leistung, optische Eindrücke der Reihe nach ordnen zu können; auch im Symbolbereich.

AKUSTIK

Akustische Differenzierung
ist die Leistung, aus dem Gehörten bestimmte Wörter herauszuhören oder ähnlich klingende Wörter zu unterscheiden.

Akustisches Gedächtnis
ist die Leistung, Gehörtes zu behalten, abzuspeichern und bei Bedarf wiederzugeben.

Akustische Serialität
ist die Leistung, in einem Satz zu hören, welches Wort zuerst gesprochen wurde, oder in einem Wort zu hören, welcher Buchstabe am Anfang, am Ende oder in der Mitte steht.

RAUMWAHRNEHMUNG

Raumorientierung
ist die Leistung, das Raum-Zeit-Gefüge sowie Größen und Einheiten einzuschätzen.

Körperschema
ist die Leistung, den eigenen Körper (z.B. Rechts-Links-Unterscheidung) einzuschätzen.

Das neue AFS-Computertestverfahren zur Feststellung einer eventuell vorliegenden Legasthenie/LRS/ Dyskalkulie/Rechenschwäche, welches ausschließlich von diplomierten LegasthenietrainerInnen durchgeführt werden darf, basiert auf dieser internationalen Einteilung. Genaueres über das Testverfahren in einem der nächsten Kapitel.

Es hat sich in der Praxis bewährt, diese Sinneswahrnehmungen bei legasthenen oder dyskalkulen Kindern, natürlich nur soweit sie beim jeweiligen Kind betroffen sind, in der Reihenfolge Optik, Akustik und Raumwahrnehmung zu trainieren.

→ Durch differente Sinneswahrnehmungen werden Probleme hervorgerufen
→ Das visuelle, auditive oder räumliche Bewusstsein muss gestärkt werden
→ Nicht alle Bereiche müssen betroffen sein
→ Medizinische Verfahren können Legasthenie sichtbar machen
→ Diese Kinder sind nicht einfach nur dumm oder dumme Kinder reicher Eltern
→ Nur wenn man das Phänomen umfassend sieht, wird man die Kinder verstehen
→ Verständnis erfordert einiges Wissen
→ Um eine Ansage fehlerlos schreiben zu können, müssen alle Sinneswahrnehmungen funktionieren
→ Sobald Symbole wie Buchstaben oder Zahlen ins Spiel kommen, lässt die Aufmerksamkeit nach
→ Diese Kinder sind nicht generell unaufmerksam
→ Angreifen, um zu begreifen
→ Differentes Sehen
→ Bildhaftes Gedächtnis
→ Empfindsames Wesen
→ Mehrere Gedanken gleichzeitig verfolgen
→ Gute Beobachtungsgabe
→ Probleme bei der Wortbildeinprägung
→ Differentes Hören
→ Ähnliche Wörter können schwer unterschieden werden
→ Körperliche Defizite im Seh- und Hörbereich ausschließen
→ Differentes Raumempfinden
→ "Chaos oder eigene Ordnung"
→ Schwierigkeiten beim Erlernen der Uhrzeit
→ Schwierigkeiten bei der Planung von Tätigkeiten
→ Vorauseilen der Gedanken
→ Die Gedanken bewusst zu lenken, muss gelernt sein

- → **International gebräuchliche Einteilung der Sinneswahrnehmungen**
- → **Drei Bereiche der Optik**
- → **Drei Bereiche der Akustik**
- → **Zwei Bereiche der Raumwahrnehmung**

Das missverstandene legasthene oder dyskalkule Kind

So sind die differenten Teilleistungen und die daraus entstehenden viel zu schnellen Gedanken der legasthenen oder dyskalkulen Menschen daran beteiligt, dass sie oft in den Kulturtechniken, eben des Lesens, Schreibens und Rechnens, auf die unsere Gesellschaft so viel Wert, vielleicht zu viel Wert legt, versagen. Ihre Gedanken sind sehr schnell und schwer zu bremsen. Jedes zehnte Kind ist davon betroffen, dabei beträgt das Verhältnis von weiblich zu männlich 1 : 2,5.

Beobachtet man diese Kinder, so machen sie oft den Eindruck, dass sie nicht aufmerksam bei der Tätigkeit des Schreibens, Lesens, Rechnens sind, die von ihnen gerade jetzt verlangt wird, sondern dass die Gedanken weiß Gott, wo, sozusagen im Raum, herumschwirren. So kann ein Regentropfen oder ein unerfindliches Geräusch, das von den meisten Menschen gar nicht wahrgenommen wird, oder eine Lehrperson, die eine sehr grelle Kleidung trägt, diese Menschen völlig aus der Bahn werfen. Das heißt, während das Kind zum Beispiel etwas schreibt, denkt es an seine Spielkameraden, die vielleicht schon draußen spielen.

Kein Wunder also, dass sich dann Fehler bei dem Geschriebenen einschleichen. Das Weggehen der Gedanken, wie beschrieben, passiert natürlich auch nicht betroffenen Menschen, nur sind diese imstande, sich unbewusst rasch wieder auf die Dinge zu beziehen, die sie gerade tun. Bei Legasthenikern oder dyskalkulen Menschen vollzieht sich dieser Prozess ungleich schwieriger. Da hilft auch die oftmalige Ermahnung des Lehrers oder der Mutter nicht; schon gar nicht die Aufforderung, sich zu "konzentrieren", die ja gar nicht verstanden wird. Woher soll eigentlich ein Kind wissen, was es heißt, sich zu konzentrieren? Dies trägt meist zur noch größeren Unsicherheit des Kindes bei.

Man sollte legasthenen und dyskalkulen Kindern bewusst machen, was es heißt, all seine Gedanken zusammenzunehmen und sie auf eine Sache zu leiten. Das verstehen die Kinder, und mit sehr viel Übung gelingt dies dann auch irgendwann. Das ist der erste Schritt zu besseren Leistungen in den Kulturtechniken. Ist einmal der Zusammenschluss von Denken und Handeln gelungen, wird eine erste Verbesserung bei den Kulturtechniken sichtbar.

Auch die wechselnden Zustände, unter denen diese Menschen leiden, sind für einen Laien nicht immer erklärbar. So kommt es vor, dass gewisse Dinge heute beherrscht werden und morgen wie weggeblasen scheinen. Man muss sich vorstellen, dass der Aufmerksamkeitszustand eines legasthenen oder dyskalkulen Menschen sogenannte Wellenbewegungen durchlebt. Ist man nun am oberen Rand der Welle, kann man sehr gute Leistungen

Aufmerksamkeit

Aufmerksames Lesen: leichte Identifikation der Buchstaben - der Leser nimmt auch den Inhalt des Gelesenen wahr

Mensch ist nicht angespannt nimmt seine Umgebung wahr

Mensch ist angespannt nimmt seine Umgebung nur zum Teil wahr

Konzentriertes Lesen: zu starke Hinlenkung auf die Buchstaben, Verlorengehen des Inhaltes des Gelesenen, Folge: verschwimmen der Buchstaben, Kopfschmerz, Schwindel usw.

Konzentration

erbringen. Ist man am Grund der Welle, so ist plötzlich jenes Wissen weg, das man noch vielleicht vor zehn Minuten gebracht hat. Das erklärt oft auch die Tatsache, dass diese Menschen an manchen Tagen Ansagen ohne Fehler schreiben können, Rechungen fehlerlos und schnell rechnen, das nächste Mal aber wieder kläglich versagen, trotz massiver Übung. Bemerkungen von Lehrern, die nicht genug Wissen um dieses Phänomen haben, sind für diese Kinder natürlich nicht sehr förderlich, z.B.: "Du hast schon wieder nicht geübt!" oder "Wenn du dich anstrengst, kannst du es doch!"

Speziell bei Hausübungen werden diese Aufmerksamkeitsschwankungen von den Eltern mit Argwohn beobachtet, sie rufen nicht selten Aggressionen hervor. So schreibt das Kind die ersten Sätze der Hausübung recht flott und fehlerfrei, doch für die weiteren Sätze braucht es Stunden, und diese sind voller Fehler. Diese wechselhaften Zustände verleiten auch Personen zu Aussagen wie "Er tut nur dann, wenn er will". Das ist völlig falsch. Das legasthene und dyskalkule Kind tut dann, wenn es kann!

Diese Zustände erklären auch die verschiedenen Schriften dieser Kinder. Heute schreibt das Kind "schön". Bei der nächsten schriftlichen Arbeit ist dann das "Gekritzel" nicht zu entziffern - wie Schriften dieser Kinder überhaupt oft eigenartige Formen, Ecken, Rundungen und Längen haben.

Das Selbstwertgefühl legasthener und dyskalkuler Menschen wird ständig in Mitleidenschaft gezogen, manchmal geht dies so weit, dass diese Kinder plötzlich massive psychische Erkrankungen zeigen. Diese gilt es in erster Linie zu verhindern. Oft ist dann die Legasthenie oder die Dyskalkulie nur noch ein kleines Übel, welches man als Primärproblem bei rechtzeitiger gezielter Hilfestellung in den Griff bekommen hätte. Es wird überlagert von psychischen Problemen, die wesentlich schwieriger zu bekämpfen sind.

Eine Früherkennung und eine gezielte Hilfe bei einer Legasthenie und Dyskalkulie sind so wichtig. Die Praxis zeigt uns, dass in einem frühen Stadium gezielte pädagogisch-didaktische Hilfe, die individuell auf die Problematik des einzelnen Betroffenen abgestimmt ist, zumeist zu einem umfassenden Erfolg führt. Diese Tatsache wird aber leider viel zu wenig zur Kenntnis genommen - zum Leidwesen unserer legasthenen und dyskalkulen Kinder.

→ **Mindestens jedes zehnte Kind ist betroffen**
→ **Gedanken gehen eigene Wege**
→ **Gedankengänge erfolgen spontan und ungelenkt**
→ **Gedanken machen, was sie wollen**
→ **Gedanken sind schnell und schwer zu bremsen**
→ **Aufmerksamkeit beim Schreiben, Lesen und Rechnen ist besser als Konzentration**
→ **Diese Menschen haben starke Aufmerksamkeitsschwankungen**
→ **Das legasthene Kind leistet dann etwas, wenn es kann, nicht dann, wenn es will**
→ **Ständige Beeinträchtigung des Selbstwertgefühls birgt Gefahr in sich**
→ **Früherkennung ist extrem wichtig**

Anzeichen gibt es schon im Vorschulalter

Die Sinnesentwicklung läuft nicht bei jedem Kind in gleicher Weise ab. Jeder Mensch ist individuell verschieden. Es gibt natürlich Richtlinien, was diese Entwicklung betrifft. So soll zum Beispiel das Neugeborene auf Berührungsreize reagieren, im 2. und 3. Monat soll der Säugling den Kopf und die Augen stabil halten können, vom 4. bis zum 6. Monat beginnt das Baby, große Bewegungen durchzuführen, vom 6. bis zum 8. Monat beginnt es, sich im Raum fortzubewegen, vom 9. bis zum 12. Monat beginnt es, seine Tätigkeiten zu planen, es lernt, zu gehen, zu sprechen. Für all diese Tätigkeiten benötigt es verschiedene Systeme, wie das Auditive System - das Hören, das Vestibuläre System - Schwerkraft und Tasten, das Propriozeptive System - Muskeln und Gelenke, das Taktile System - Berührung und Tastsinn, und das Visuelle System - das Sehen.

Die amerikanische Wissenschaftlerin Dr. A. Jean Ayres beschreibt dies so: "... Sensorische Integration ist der Prozess des Ordnens und Verarbeitens sinnlicher Eindrücke (sensorischer Inputs), sodass das Gehirn eine brauchbare Körperreaktion und ebenso sinnvolle Wahrnehmungen, Gefühlsreaktionen und Gedanken erzeugen kann. Die sensorische Integration sortiert, ordnet und vereint alle sinnlichen Eindrücke des Individuums zu einer vollständigen und umfassenden Hirnfunktion ..."

Arbeiten nun alle diese Systeme funktionell miteinander, so ergibt sich eine sinnvolle Ordnung und Aufgliederung von Sinneserregungen. Der Nutzen, den man daraus zieht, ist ein Wahrnehmen der Umwelt. Diese Wahrnehmungen dienen nicht nur zur Bewältigung neutraler Tätigkeiten, sondern auch zum Erlernen des Lesens, Schreibens und Rechnens. Entsprechen nun bei einem Kind diese Sinnesfunktionen nicht den Richtlinien, kann es natürlich zu vielseitigen Schwierigkeiten kommen.

Die Krabbelphase, die entweder gar nicht, sehr kurz oder, wie schon besprochen, in einer abgeänderten Form stattfinden kann, ist nur ein Hinweis von vielen, der eine Legasthenie oder Dyskalkulie schon im Vorschulalter vermuten lässt. Auch hier muss der Grundsatz Beachtung finden, dass eine Anzahl von Erscheinungsformen wieder zusammentreffen muss, damit man genetisch bedingte Schreib-, Lese- oder Rechenprobleme vermuten kann.
Um es noch einmal eindringlich festzustellen: Nicht jeder Mensch, der keine Krabbelphase durchgemacht hat, ist legasthen oder dyskalkul!

Auch sollten Kinder, bei denen verstärkt auffällt, dass sie sogenannte "gute" oder "schlechte" Tage haben oder sich Farbbezeichnungen absolut nicht merken, mit diesen Farben aber perfekt umgehen können, eine besondere Förderung in den verschiedenen Bereichen der Teilleistungen oder Sinneswahrnehmungsbereiche erhalten. Dazu gehören auch Kinder, die über Dinge stolpern, die nicht vorhanden sind, sich Bezeichnungen für gewisse Gegenstände nicht oder anders merken, wie z.B. einen Hammer, der zum Schläger wird, oder die die Richtungen oben und unten verwechseln usw.

Die Möglichkeit, eine Legasthenie oder Dyskalkulie im Vorschulalter festzustellen, ist im deutschen Sprachraum noch nicht gegeben, da man zur Diagnose unbedingt die Leistungen im Schreib-, Lese- und/oder Rechenbereich heranziehen muss. Es ist nur möglich, differente Sinneswahrnehmungen festzustellen, die aber nicht unbedingt in einer dieser Problematiken begründet sein müssen.

In den USA und in England verfügt man über Möglichkeiten, eine Legasthenie oder Dyskalkulie bereits vor dem Eintritt in die Schule festzustellen. Der Unterschied besteht aber im Schulsystem. Während im deutschen Sprachraum die Kinder erst mit Beginn der ersten Klasse Buchstaben und Ziffern erlernen, wird in den USA schon im Kindergarten damit begonnen. Deshalb ist eine Testung schon vorher möglich. Um eine Legasthenie oder Dyskalkulie zu diagnostizieren, sollen drei Bereiche eine Abweichung zeigen: Das legasthene oder dyskalkule Kind zeigt bei der Beschäftigung mit Buchstaben oder Zahlen teilweise eine Unaufmerksamkeit, zweitens weichen eine oder mehrere Funktionen oder Sinneswahrnehmungsleistungen von der Norm ab, sie sind also different, drittens macht das legasthene oder dyskalkule Kind Wahrnehmungsfehler beim Lesen, Schreiben oder Rechnen.

Verschiedene Testverfahren, die auch für Vorschulkinder geeignet sind, zielen bei uns ausschließlich auf die Überprüfung der Sinneswahrnehmungen ab. Die Ausprägung dieser Sinneswahrnehmungen, Funktionen oder Teilleistungen zu überprüfen, ist auch ein wichtiger Ansatz, um betroffene Kinder schon frühzeitig zu erkennen und fördern zu können, damit eine eventuell vorhandene Legasthenie oder Dyskalkulie später nicht allzu große Probleme beim Erlernen des Lesens, Schreibens oder Rechnens verursacht.

Da diese Präventivmaßnahmen aber kaum zur Anwendung gelangen, sind unsere Eltern, Kindergartenpädagogen und alle Menschen, die mit Kleinkindern bzw. Vorschulkindern zu tun haben, auf ihre eigene Beobachtungsgabe und auf ihre Schlüsse daraus angewiesen. Der Grund für die zu seltene Anwendung der Präventivmaßnahmen liegt wohl auch, dies zeigen wissenschaftliche Erkenntnisse, hauptsächlich in der Tatsache, dass Kinder im Vorschulalter noch keine normierten Leistungen, wie beim Lesen, Schreiben oder Rechnen, erbringen müssen.

Eine Hilfe kann beim Beobachten sein, über die verschiedenen Teilleistungen genau Bescheid zu wissen. Bemerkt man immer wieder, dass sich ein Kind davor scheut, z.B. mit einem Memory zu spielen, so kann man daraus schließen, dass es mit dem optischen Gedächtnis Probleme hat. Gerade hier sollte nun die Frühförderung einsetzen. In Einzelarbeit wäre es nun wichtig, dieses Kind mit viel Geduld und Behutsamkeit durch gezielte Übungen auf das gewünschte Niveau zu bringen. Damit könnte schon im Vorschulalter Wesentliches dazu beigetragen werden, dass eine genetisch bedingte Legasthenie oder Dyskalkulie, die zwar vorhanden ist, viel von ihrem Schrecken verliert, da sie nicht mehr so massiv auftreten würde. Wichtig wäre auch die Auseinandersetzung der Vorschulkinder mit der Symbolik, wie Buchstaben und Ziffern, die aber ausschließlich spielerisch erfolgen müsste. Der Übergang vom Kindergarten zur Schule wäre dann nicht so extrem. In vielen Ländern wird diese Methode schon lange sehr erfolgreich angewendet. Man hat gesehen, dass es enorme Vorteile für Kinder mit legasthenen oder dyskalkulen Zügen bringt, den anderen aber auch nicht schadet.

Einige ausgewählte Übungsbeispiele für ein gezieltes Sinnestraining im Vorschulalter:

Optischer Wahrnehmungsbereich:

Fehlerbilder: Das Kind soll aus zwei Bildern, die fünf Unterschiede aufweisen, diese Unterschiede herausfinden können.
Memory: Das Kind soll sich merken, wo ein bestimmtes Paar von Bildern liegt.
Serien: Eine Reihe von verschiedenen Formen, die verschiedene Farben haben, wird gelegt, das Kind legt die Reihe nach.

Akustischer Wahrnehmungsbereich:

Geräuschespiel: Das Kind muss gewisse Geräusche zuordnen können.
Wörterpaare: Zwei Wörter, die entweder gleich oder

ungleich sind, werden dem Kind vorgesagt. Es muss nun heraushören, ob diese identisch waren oder nicht.
Reimpaare: Es werden mehrere Reimpaare vorgesagt, das Kind muss diese nachsagen.
Wörterschlange: Ein Wort wird vorgesagt, das Kind muss dieses nachsagen. Zum ersten Wort kommt ein nächstes dazu, wieder muss das Kind diese nachsagen, die Reihe wird so fortgesetzt.

Raumwahrnehmung:

Nachlegeübungen: Mit 5 Zündhölzern werden Figuren vorgelegt. Das Kind legt nun diese Figuren nach.
Körperschemaübungen: Man sitzt dem Kind gegenüber und zeigt ihm verschiedene Übungen vor, die es nachahmen soll, z.B. die rechte Hand zum linken Ohr führen etc.

→ **Sensorische Integration**
→ **Nur eine funktionierende Wahrnehmung garantiert das fehlerlose Schreiben, Lesen oder Rechnen**
→ **Keine ausreichenden Feststellungsmöglichkeiten bezüglich Legasthenie oder Dyskalkulie im Vorschulalter**
→ **Testverfahren nur für Sinneswahrnehmungen**
→ **Beobachtung ist wichtig**
→ **Das Erlernen der Symbolik schon im Vorschulalter wäre vorteilhaft**

Jeder Schüler sollte einen Nutzen aus dem Schulunterricht ziehen

Eigentlich sind legasthene und dyskalkule Kinder die wahrlich begabten Schüler, weil sie über wesentlich umfassendere Gedankengänge verfügen als andere Menschen und eine hohe Merkfähigkeit und Auffassungsgabe haben. Arbeitet man mit diesen Menschen, kann man das getrost behaupten. Sie passen aber leider nicht in das Schema, welches die meisten Schulsysteme vorgeben. Sie haben das Problem, mit den angebotenen Standardmethoden das Schreiben, Lesen oder Rechnen nicht ausreichend zu erlernen.

Sie haben auch das massive Problem, dass nur ständig auf ihren Fehlern herumgehackt wird. Niemand macht sich die Mühe, nach ihren Talenten zu suchen, weil das Stereotyp gilt: Jemand, der schreiben, lesen und rechnen kann, ist intelligent, wer es nicht kann, ist dumm. Sie sind mit ihren Fähigkeiten natürlich schwer in das bestehende Schulsystem einzugliedern.

Das Schlimmste, das einem Legastheniker mit Leseproblemen passieren kann, ist, dass er laut vor Publikum, sprich der Klasse, lesen und dann noch Kritik von dem Lehrer, aber auch von den Kindern einstecken muss. Jeder Lehrer sollte davon Abstand nehmen und ein legasthenes Kind nur dann lesen lassen, wenn es selbst dies wirklich will. Nun werden jetzt manche Lehrer sagen, das käme ja doch nie vor. Hier irrt man sich gewaltig. Der Lehrer muss nur imstande sein, eine positive Atmosphäre für das Kind zu schaffen. Er erklärt zum Beispiel den Mitschülern dieses Kindes, warum manche Menschen besser, manche schlechter das Lesen beherrschen und dass diese Menschen Talente besitzen, die andere nicht haben.

Das wiederum würde nun heißen, dass der Lehrer sehr gut und umfassend über das gesamte Phänomen der Schreib-, Lese- oder Rechenprobleme informiert sein müsste, damit er auch das nötige Verständnis mitbringt, was die Voraussetzung für eine positive Entwicklung dieser Kinder wäre. Was leider nur dann der Fall ist, wenn sich der einzelne Lehrer selbst damit auseinandersetzt. Es ist noch immer zu beobachten, dass in der Ausbildung zum Grundschullehrer in vielen Ländern auf diese Thematik nicht ausreichend eingegangen wird.

Wie problematisch das für die betroffenen Kinder ist, kann man nur damit vergleichen, dass man einem Mediziner in der Ausbildung zu sagen vergisst, dass es auch einen Blinddarm gibt. Dann sterben einige Patienten, bis er endlich selbst draufkommt, dass da noch etwas ist, was er anscheinend nicht weiß. Tatsächlich stirbt man aber an Legasthenie oder Dyskalkulie nicht, doch kann eine versäumte Hilfe auch sehr maßgebliche Folgen für das gesamte Leben des betroffenen Menschen haben, rechtzeitig durchgeführt hätte eine Förderung aber viel Positives bewirken können.

Laut Statistik sind nun in jeder Klasse zwei bis drei legasthene oder dyskalkule Schüler, die einer gezielten Förderung bedürfen. Es ist falsch, anzunehmen, diese Kinder seien nicht imstande, das Lesen, Schreiben und Rechnen zu erlernen. Wie schon erwähnt, lernen sie es nur auf eine andere Art und Weise und brauchen dazu mehr Zeit. Tatsache ist, dass noch in vielen Schulen die sogenannte Ganzheitsmethode zumindest teilweise praktiziert wird, diese jedoch den Legastheniker völlig verwirrt.

Auch die Geschwindigkeit, mit der manche Lehrer beim Erlernen des Alphabetes und der Grundrechenarten vorgehen, ist maßgeblich am Versagen beteiligt. Wir hätten laut Lehrplan aber tatsächlich zwei Jahre Zeit, z.B. das Alphabet den Kindern beizubringen. Davon scheinen aber manche Lehrer noch nichts gehört zu haben oder sie lassen sich von ehrgeizigen Kollegen oder sogar Eltern antreiben und sind zu schwach für eine gut fundierte Argumentation zur Sache. Natürlich betrifft dies zum Glück nur einen kleinen Teil. Es gibt natürlich auch solche, die sich der Probleme, die ein zu forciertes Lernen der Buchstaben mit sich bringt, durchaus bewusst sind und dies unterlassen.

Was aber am erfreulichsten ist: dass sich immer mehr Lehrer für die Thematik interessieren und sehr umsichtig handeln. Hat ein legasthener oder dyskalkuler Schüler nun das Glück, auf so eine Lehrperson zu stoßen, werden die auftretenden Probleme verringert, und es wird gelingen, einen angemessenen Schulabschluss zu erreichen.

Hier sei auch erwähnt, dass die Stärke der Symptome, sprich auftretende Fehleranzahl, tatsächlich damit zu tun hat, auf welche Bedingungen das jeweilige Kind trifft. Es gibt definitiv Faktoren, welche eine genetische Anlage verstärken können. Neuerdings gibt es sogar Versuche von Lehrern, im Erstschreibunterricht die Schreibschrift und im Erstleseunterricht die Blockschrift gleichzeitig zu lehren. Was dies für ein Kind mit legasthenen Ansätzen bedeutet, braucht wohl nicht näher erläutert zu werden. Aber auch die anderen neunzig Prozent der Kinder kann man mit so einer Methode unglücklich machen.

Wie entscheidend die Bedingungen sind, auf die ein legasthenes oder dyskalkules Kind trifft, zeigte kürzlich ein Fall von eineiigen Zwillingen. Beide zeigten sogenannte legasthene Züge, was die Gentheorie untermauert, wobei bei einem der Brüder die Symptome stärker, beim anderen schwächer vorhanden waren. Es zeigte sich auch eine unterschiedliche Ausprägung der verschiedenen differenten Funktionen: obwohl nun grundsätzlich bei beiden Brüdern vorhanden, hatten beide die Umweltbedingungen, auf die sie getroffen sind, unterschiedlich aufgenommen.

An dieser Stelle noch einiges zu den Rechten, welche legasthene oder dyskalkule Schüler in der Schule haben sollten. Tatsächlich werden diese in jedem Land verschieden gehandhabt. Immer wieder stellt sich natürlich die Frage, wie die Beurteilung dieser Schüler erfolgen soll. Gleichzeitig stellt sich die Frage nach den gesetzlichen

Bedingungen. Gesetzliche Bedingungen gibt es auch da und dort, doch werden diese nur dann im Sinne der Betroffenen angewandt, wenn das Wissen der Lehrer über die gesamte Thematik ausreichend ist. Fehlt vor allem das Verständnis, dann ist es um die Betroffenen nicht gut bestellt.

Grundsätzlich ist es aber jedem verständigen Lehrer möglich, einem legasthenen oder dyskalkulen Schüler dabei behilflich zu sein, dass es zu einer positiven Zusammenarbeit zwischen den Lehrern und dem Betroffenen kommt. Mit Motivation und Lob, die vom Lehrer ausgehen, kann oftmals so viel erreicht werden. Das Bemühen des Betroffenen aber, sich trotz seiner Probleme stetig zu verbessern, ist natürlich dafür Voraussetzung. Lehrer sind nicht alleine für das Fortkommen dieser Menschen in der Schule verantwortlich und haben auch zumeist nicht die Möglichkeit, den individuellen Bedürfnissen im Schulunterricht gerecht zu werden. Dies sollten Eltern auch klar sehen. Ein Zusammenwirken aller Beteiligten, des Schülers, der Lehrer, der Eltern und Spezialisten, die außerschulisch helfen, ist die Voraussetzung für den gewünschten Erfolg.

Es gibt auch Länder, dazu zählen auch die USA und Großbritannien, die über spezielle Schulen, Klassen und Lehrpläne für legasthene und dyskalkule Schüler verfügen.

Auch Eltern sollten bei uneinsichtigen Lehrern argumentieren. Wichtig ist auch, dass Eltern sich nicht scheuen, mehrere Anläufe, falls notwendig, zu starten, um den Lehrer zu informieren. Viele Beispiele zeigen, dass

Eltern erst nach längerer Zeit Gehör fanden. Dazu benötigt man aber viel Geduld und auch Zeit. Doch steht es in jeder Hinsicht dafür, einen Betroffenen zu unterstützen und ihm damit vielleicht für sein weiteres Leben bessere Voraussetzungen zu schaffen.

Grundsätzlich wäre es angebracht, wenigstens die Lehrer über gewisse Maßnahmen zu informieren, die sie in Zusammenhang mit legasthenen oder dyskalkulen Schülern treffen können. Beispielsweise wäre die vermehrte Gewichtung auf die mündlichen Leistungen eines legasthenen Schülers, mehr Zeit bei schriftlichen Arbeiten in der Schule oder der Einsatz von zusätzlichen technischen Hilfsmitteln von großem Vorteil. Doch eine definitiv gesonderte Beuteilung ist abzulehnen, weil man damit die Schüler in die Rolle von "Sonderbehandelten" drängen würde.

Haben diese Kinder nicht auch das Recht, einen Nutzen aus unserem Schulsystem zu ziehen und eine höhere Schule zu besuchen? Warum ist der legasthene oder dyskalkule Schüler selbst schuld, wenn er versagt? Müssten wir nicht für diese Schüler genauso sorgen wie für alle anderen auch? Tatsächlich haben wir in unserem Schulsystem eigentlich für die meisten gut vorgesorgt. Ob seh-, hör- oder sprachbehinderte Kinder, für alle wird bestens gesorgt. Für alle diese Kinder haben wir speziell ausgebildete Lehrer. Warum aber wird zu oft auf unsere Schüler, welche Schreib-, Lese oder Rechenprobleme haben, vergessen?

Wir sind uns anscheinend nicht bewusst, welche Konsequenzen es für uns alle hat, dass wir diesen Kindern keine besonderen Förderungen zukommen lassen. Wie viele Talente wir verschwenden! Nicht allzu selten landen diese anders begabten Kinder sogar in der Sonderschule oder werden mit einem sonderpädagogischen Förderbedarf belegt! Der Einfachheit halber werden diese Kinder als schlecht bildungsfähig bezeichnet, und man macht sich darüber keine Gedanken mehr. Dass diese Kinder aber dann in der Sonderschule erst zum Sonderschulfall gemacht werden, weil sie unterfordert sind, sich selbst völlig aufgeben oder zu verhaltensauffälligen Kindern werden, ist wenigen klar. Was dies die Öffentlichkeit kostet - ein Platz in der Sonderschule ist um ein Vielfaches teurer als in der Regelschule -, ist wohl auch den wenigsten bewusst. So kann das Versäumte auch als sozialökonomisches und sozialpolitisches Problem bezeichnet werden. Und übrigens sind legasthene und dyskalkule Kinder absolut belastbar, solange sie nicht durch das Unverständnis der Umwelt und durch unterlassene Hilfeleistung ins psychische Out getrieben werden!

Albert Einstein ist wohl das beste Beispiel dafür. Als schwerer Legastheniker, der mühsam das Schreiben und Lesen erlernte, galt er als "Dummian", bis man entdeckte, dass er über ein ausgesprochen überdurchschnittliches mathematisches Denken verfügte. Natürlich steckt nicht in jedem legasthenen Menschen ein Einstein, doch mehr Beachtung und Anerkennung, als es bis jetzt der Fall ist, haben diese Menschen allemal verdient, und wir sollten sie nicht weiterhin zu den Vergessenen unserer Schulsysteme machen.

Um es noch einmal ganz deutlich zu sagen: Den weit verbreiteten Glauben, dass der Schreib-, Lese- oder Rechenerlernprozess ein Maßstab für die Intelligenz eines Menschen ist, kann man wohl als völlig falsch bezeichnen! Diesen Irrglauben aus den Köpfen vieler sturer Menschen zu bringen, ist ein besonders schwieriges Unterfangen.

Grundsätzlich wäre es von Vorteil, dass mehr Information an die Schulen, und zwar in alle Schulstufen getragen wird, an Stellen, die dann tatsächlich mit diesen Menschen in Berührung kommen. Es ist ein Irrtum, zu glauben, Legasthenie oder Dyskalkulie würde sich mit der Pubertät bessern. Grundsätzlich trägt ein legasthener oder dyskalkuler Mensch sein Leben lang die Problematik mit sich. Man kann ihm nur durch gezieltes Training dazu verhelfen, dass "seine" Legasthenie oder Dyskalkulie überwunden wird und dass er damit zu leben lernt.

Tatsächlich soll nämlich Lehrern nicht suggeriert werden, sie könnten maßgeblich im Klassenverband legasthene oder dyskalkule Kinder fördern, dies wäre wohl nicht fair, und damit wäre wohl der beste und engagierteste Pädagoge überfordert. Damit würde man automatisch dafür sorgen, dass sich so mancher Lehrer als Versager fühlt, und dies ist zu verhindern. Es wäre nur dann möglich, würde der Lehrer seinen gesamten Unterrichtsplan umstellen, und dazu sind Lehrer natürlich nicht bereit und haben auch nicht die dafür notwendige Ausbildung. Der Lehrer müsste ja erst einen anderen Stil des Unterrichts lernen, damit er sicher sein kann, dass das, was er macht, auch richtig ist. Grundsätzlich gab es bis jetzt nur vereinzelt spezielle Ausbildungslehrgänge für Pädagogen.

Nun kann man sich aber in einem zweisemestrigen Fernstudium nach den Richtlinien der European Dyslexia Association beim Ersten Österreichischen Dachverband Legasthenie umfassend ausbilden lassen. Die Ausbildung beinhaltet in Theorie alles Wissenswerte über verschiedene Bereiche wie Pädagogik-Didaktik, Medizin, Psychologie, Ergotherapie, Logopädie und andere Teilbereiche, wenn sie im Zusammenhang mit der Legasthenie oder Dyskalkulie stehen, und vor allem einen umfangreichen Praxisteil.

Wichtig wäre aber für alle Lehrer, ganz egal, in welcher Schulform sie unterrichten, über das Phänomen Legasthenie oder Dyskalkulie aufgeklärt und dafür sensibilisiert zu sein, um nicht ständig Gefahr zu laufen, Fehlurteile zu fällen. Allein Verständnis für die Situation des Schülers zu haben wirkt, um es noch einmal zu bekräftigen, oft Wunder, da man den Druck weitgehend von den Schultern des Schülers nimmt. Verständnis allein reicht aber nicht aus, gezielte Förderung müsste rechtzeitig beginnen.

Wichtig wäre aber auch, dass man den Druck, der oftmals auf dem Lehrer lastet, wegnimmt, indem man als Elternteil nicht auf dem Standpunkt steht, dass das Kind in der Schule das Schreiben, Lesen und Rechnen zu lernen hat. Tatsache ist, dass Eltern, die ein legasthenes oder dyskalkules Kind haben, nicht die gesamte Verantwortung auf den Lehrer werden abwälzen können, sondern die Aufgabe haben, selbst entscheidend an diesem Prozess mitzuarbeiten. Dazu benötigt man natürlich viel Zeit und auch viel Nervenkraft, aber schließlich zahlt es sich aus, hinter diesen besonderen Menschen zu stehen, weil aus Erfahrung sich nur diese, auch im späteren Leben, sehr positiv entwickeln. Diese Kinder brauchen den sogenannten "Fels in der Brandung", der sie nicht nur unterstützt, sondern auch immer wieder versucht, sie zu bestärken und zu motivieren.

Es arbeiten nun schon seit vielen, vielen Jahren diplomierte Legasthenietrainer in zahlreichen Ländern so erfolgreich und helfen Menschen, die von Schreib-, Lese- oder Rechenproblemen betroffen sind, auf pädagogisch-didaktischer Ebene.

Manchmal bezeichnen sich auch Personen als Lese-, Rechtschreib- oder Rechentherapeuten. Diese Bezeichnung sollte aber auf keinen Fall für Interventionen, die auf pädagogisch-didaktischer Ebene erfolgen, angewandt werden. Nicht nur weil damit bei Hilfesuchenden und Schulverantwortlichen Verwirrung gestiftet wird, sondern weil das Wort "Therapeut" nur im Gesundheitsbereich Anwendung finden sollte, da der Begriff eigentlich eine Beschäftigung mit kranken Personen verdeutlicht.

Tatsächlich sind aber legasthene oder dyskalkule Menschen weder schwach, gestört, krank oder gar behindert, auch sind pädagogisch-didaktische Hilfeleistungen keine Therapie. Um es nochmals deutlich zu machen: Man soll davon Abstand nehmen, eine Primärlegasthenie und eine Primärdyskalkulie als pathologisch, also als etwas Krankhaftes hinzustellen. Diese Menschen stellen lediglich durch ihre besondere Informationsverarbeitung und die damit verbundene besondere Lernfähigkeit andere Anforderungen an die Didaktik, an die Art, wie ihnen das Schreiben, Lesen und Rechnen vermittelt werden soll.

Spezialisten für Legasthenie und Dyskalkulie sind noch immer außergewöhnlich dünn gesät. Diese Trainer kommen hauptsächlich aus dem pädagogischen Bereich. Das ist auch eine positive und wichtige Entwicklung, da das legasthene oder dyskalkule Kind ja immer zuerst auf den Pädagogen trifft und nicht auf den Psychologen oder Psychiater. Das gesunde legasthene oder dyskalkule Kind braucht einen Pädagogen, der es nach seinen Bedürfnissen fördert, dann wird dieses Kind nie einen Psychologen oder Psychiater brauchen! Eine vermehrte Beschäftigung mit diesem Thema ist notwendig, weil das Gebiet so umfangreich und kompliziert ist, ein Halbwissen genügt hier leider nicht.

Wichtig wäre vorerst ein Bewusstmachen des Problems, denn solange es Lehrer gibt, die den Eltern nur zu vermehrter Übung raten, ist es um legasthene oder dyskalkule Menschen schlecht bestellt. Alle Lehrer, aber auch Eltern müssten genauer über das Phänomen der Legasthenie, der Dyskalkulie und anderer Schreib-, Lese- und Rechenprobleme informiert werden. So viel Leid könnte mit einer derartigen Maßnahme verhindert werden.

Entscheidend für eine positive Weiterentwicklung von Betroffenen ist immer, an welchen Fachmann diese geraten. Leider ist zu beobachten, dass Eltern und auch Lehrer die Probleme des Kindes beim Schreiben, Lesen oder Rechnen vielfach auf die Verhaltenseigenheiten zurückführen. So werden die Kinder dem Psychologen oder dem Arzt vorgestellt. Tatsächlich liegt aber die Wurzel der Verhaltenseigenheiten darin, dass diese Menschen nicht mit den angebotenen Methoden das Auslangen finden, um das Schreiben, Lesen und Rechnen zu erlernen. Viele legasthene oder dyskalkule Kinder bekommen so allerlei Therapien, aber ihr gesamtes Schulleben lang nicht die für sie notwendige pädagogisch-didaktische Hilfe.

Es müssten auch in den Schulen wesentlich mehr Legasthenie- und Dyskalkuliespezialisten vorhanden sein, die auch tatsächlich einem legasthenen oder dyskalkulen Schüler individuell, im Einzelunterricht, helfen könnten. Theoretisch ist es eine Aufgabe der Schule, allen Kindern gerecht zu werden, doch praktisch gerade im Fall von genetisch bedingten Schreib-, Lese- oder Rechenproblemen unmöglich. Deshalb ist die Förderung durch Spezialisten im außerschulischen Bereich als wertvolle Ergänzung zu betrachten.

Lehrer könnten aber durch gewisse Verhaltensregeln legasthenen und dyskalkulen Kindern den Schulalltag maßgeblich erleichtern. Der Lehrer dürfte diesen Schüler vor allem in der Klassengemeinschaft nicht zum Außenseiter werden lassen. Seine Fehler dürfen nicht ständig mit Dummheit oder Faulheit abgetan werden, sondern man müsste sich selbst und den Klassenkameraden vor Augen führen, über welche anderen Talente derjenige verfügt. Dazu ist es natürlich notwendig, dass ein Pädagoge imstande ist, eine Legasthenie oder Dyskalkulie wenigstens zu vermuten, besser noch, zu erkennen. Dies ist bei einer genaueren Auseinandersetzung mit diesem Phänomen nicht sehr schwer. Er muss ja kein Spezialist sein, sondern nur für das Problem sensibilisiert sein, um ein legasthenes und dyskalkules Kind richtig beurteilen zu können und eine individuelle Förderung einzuleiten.

Noch einmal zurück zur Beurteilung. Der Lehrer hat vom Gesetz her die Möglichkeit, legasthene oder dyskalkule Kinder, bei denen eine Legasthenie oder Dyskalkulie von einem Spezialisten diagnostiziert wurde oder auch nicht, differenziert zu beurteilen. Zu wenige Lehrer machen aber von ihrem Recht Gebrauch, das bestehende Schulgesetz für diese Zwecke auszulegen. Doch ist es möglich, wenn man nur will, aus den Beurteilungsrichtlinien einige Vorteile für diese Kinder herauszulesen. Viele Lehrer finden auch nicht die richtige Argumentation, wenn sie von Kollegen bezüglich ihrer Notengebung angegriffen werden. Da heißt es dann nur: "Bist du verrückt, jemandem, der so viele Fehler in schriftlichen Arbeiten macht, eine positive Note zu geben!"

Als Beispiel für eine wohlwollende Benotung sei hier Österreich angeführt, jedoch gibt es ähnliche Gesetze überall. Schriftliche Arbeiten werden laut § 16 (1) der Leistungsbeurteilung in vier verschiedenen Kriterien - Inhalt, Ausdruck, Sprachrichtigkeit und Schreibrichtigkeit - beurteilt. Hier könnten doch die Stärken, die legasthene Kinder meist in den ersten drei Bereichen haben, die Probleme in der Rechtschreibung im vierten Bereich aufwiegen, und es könnte noch zu einer positiven Note reichen.

Damit hätte man legasthenen Menschen maßgeblich geholfen und sie nicht daran gehindert, eine höhere Schulbildung zu erhalten, obwohl sie bei schriftlichen Arbeiten sehr schlecht abschneiden. Es ist auch nicht fair, dass ein Grundschullehrer darüber entscheiden muss, ob ein Schüler einer höheren Schulbildung zugeführt werden soll. Wie sich an so vielen Beispielen gezeigt hat, wurden auch aus schweren Legasthenikern hervorragende Ärzte, Rechtsanwälte, Steuerberater und vor allem Diplomingenieure.

Es könnten hier viele Seiten mit Beispielen gefüllt werden, doch soll ein Beispiel für alle stehen. Vor vielen Jahren sollte ein Bub der vierten Klasse Volksschule auf keinen Fall für das Gymnasium zugelassen werden. Die Lehrerin des Buben hielt ihn durch seine schlechten Leistungen im Fach Deutsch dafür nicht geeignet, sie war eher der Meinung, der Bub gehöre sogar in die Sonderschule. Der Vater, gesellschaftlich ein sehr bedeutender Mann, bestand aber darauf, dass sein Sohn, den er für ausgesprochen begabt hielt, ins Gymnasium gehen sollte, was dann auch geschah. Durch seine gute mathematische Begabung und dank verständiger Lehrer schaffte er dann auch, sogar ohne Klassenwiederholung, die Matura. Das anschließende Studium an einer technischen Universität machte ihn schließlich zum Diplomingenieur. Schon viele Jahre leistet dieser Mann in seinem Beruf hervorragende Arbeit, für seine schriftlichen Arbeiten hat er heute mehrere Assistenten. Er ist einer der glücklichen legasthenen Menschen, der jemanden hatte, der ihn voll und ganz unterstützte, der hinter ihm stand und an ihn glaubte.

Wie viele Menschen oft Jahrzehnte kämpfen, weil sie insgeheim glauben, dass mit ihnen etwas nicht stimmt, obwohl sie im Leben viel erreicht haben, soll die Aussage eines Bauingenieurs zeigen: "Mein Leben lang habe ich insgeheim geglaubt, über zu wenig Intelligenz zu verfügen. Obwohl ich eine Baufirma habe, die durch meine engagierte Arbeit sehr gut funktioniert, musste ich 40 Jahre alt werden, bis mich jemand darüber aufklärte, dass meine Probleme mit "Deutsch" nicht damit zusammenhängen, dass ich vielleicht doch ein wenig unintelligent bin."

- → **Komplizierte Gedankengänge werden leicht bewältigt**
- → **Unser Lehrangebot für diese Menschen ist nicht adäquat**
- → **Mitschülern das Phänomen erklären**
- → **In der Grundschullehrerausbildung wird das Phänomen nur gestreift**
- → **Negative Erlebnisse in der Schule sind oft bestimmend für das gesamte Leben**
- → **Eigentlich wäre zwei Jahre Zeit für den Buchstabenerwerb**
- → **Verschiedene Bedingungen, auf welche das Kind trifft, sind entscheidend**
- → **Differenzierte Beurteilung**
- → **Vermehrte Beurteilung der mündlichen Leistung**
- → **Ein intelligentes legasthenes oder dyskalkules Kind hat in der Sonderschule nichts verloren**
- → **Zahlreiche legasthene Personen haben für die Menschheit Entscheidendes geleistet**
- → **Die Intelligenz ist nicht am Erlernprozess des Lesens, Schreibens oder Rechnens zu messen**
- → **Mehr Information über die Thematik für alle wäre vonnöten**
- → **Das Problem kann überwunden werden, doch es wird ein Leben lang bestehen bleiben**
- → **Eine spezielle staatliche Ausbildung für Lehrer fehlt in vielen Ländern**

→ **Lehrer wären damit überfordert, in der Klasse individuell zu fördern**
→ **Ausbildung nach den Richtlinien der European Dyslexia Association**
→ **Sensibilisierung der Lehrer ist notwendig**
→ **Nicht die gesamte Verantwortung trägt der Lehrer**
→ **Motivation und Unterstützung sind notwendig**
→ **Bitte keine Pathologisierung der Legasthenie und der Dyskalkulie**
→ **In erster Linie sind die Pädagogen gefordert, diesen Kindern zu helfen**
→ **Auch die Eltern müssten besser informiert werden**
→ **Der Unterricht muss für diese Kinder individuell sein**
→ **Wurzeln der manchmal auftretenden Verhaltenseigenheiten liegen im unzureichenden pädagogisch-didaktischen Ansatz**
→ **Jeder Grundschullehrer müsste eine vorliegende Legasthenie oder Dyskalkulie zumindest erkennen können**
→ **Auch diesen Kindern sollte eine höhere Schulbildung ermöglicht werden**
→ **Diese Menschen leiden oft ein Leben lang, weil sie schließlich selbst ihre Probleme auf Unintelligenz zurückführen**

Allgemeine praktische Ideen für den Unterricht von legasthenen und dyskalkulen Schülern

Vorausschickend soll nochmals betont werden, dass das Legasthenie- und auch das Dyskalkuliephänomen ein viel zu individuelles, umfassendes und kompliziertes ist, als dass man ein Patentrezept anbieten könnte. Sollte dies jemand tun, so ist Vorsicht geboten.

Die Idealform des individuellen Unterrichts für legasthene oder dyskalkule Schüler ist der Einzelunterricht, er kann auch unter bestimmten Voraussetzungen im Gesamtunterricht für eine ganze Klasse erfolgen. Unterrichtsmodelle in den USA, in denen nicht legasthene und legasthene Kinder nach dem Lehrplan für legasthene Kinder unterrichtet werden, haben sich bewährt.

Zuerst sollte der Lehrer alle erdenklichen Möglichkeiten in Betracht ziehen, um auch zu einem legasthenen oder dyskalkulen Schüler eine Vertrauensbasis aufzubauen; das ist für die Zusammenarbeit eine grundlegende Bedingung, gerade bei diesen Kindern. Sie sind sehr darauf angewiesen, einen guten Kontakt zur jeweiligen Bezugsperson zu haben, sie sind auch meist auffallend zuwendungsbedürftig und anhänglich. Wenn Sie diesen Menschen das Gefühl geben, sie zu verstehen und zu ihnen zu stehen, dann haben sie einen Freund fürs Leben gewonnen. Es ist sehr interessant, zu beobachten, dass es für diese Kinder bei der Verteilung ihrer Zuneigung keinen Mittelweg gibt. Entweder sie entscheiden sich dafür, eine Person anzuerkennen, oder sie lehnen sie ab. Dazwischen gibt es nichts. Gerade dieser Umstand macht die Zusammenarbeit zwischen Lehrer und Schüler manchmal so schwierig.

Hat der Lehrer einmal bei einem dieser Kinder verspielt, ist es fast unmöglich, nochmals eine Vertrauensbasis aufzubauen. Diese Kinder brauchen erfahrungsgemäß auch länger, um sich von den Eltern abzulösen. Man sollte ja nicht den Fehler machen, diesen Vorgang beschleunigen zu wollen.

Bedenken Sie, dass man von diesen Kindern eigentlich mehrere Stunden pro Tag etwas verlangt, mit dem sie Schwierigkeiten haben. Die Toleranzgrenze liegt bei diesen Schülern ohnedies sehr hoch. Es bleibt ihnen ja auch nichts anderes übrig, als immer wieder an den Tatort, sprich Schule, zurückzukehren. Sie sind in ein System eingebunden, das ihnen keinen Ausweg lässt. Erwachsene würden wesentlich schneller aufgeben.

Bedenken Sie, dass die ersten vier Schuljahre überhaupt die wichtigsten im Schulleben eines Menschen sind und dass ein Lehrer viel Verantwortung trägt, ein Kind für den weiteren Lebensweg vorzubereiten. Deshalb sollten Grundschullehrer eine bessere und umfangreichere Ausbildung erhalten, als es bis jetzt der Fall ist, speziell für den Umgang mit Kindern, welche Schreib-, Lese- oder Rechenprobleme haben.

Finden Sie heraus, was der Schüler besonders gut kann, und versuchen Sie, ihm dort Erfolgserlebnisse zu vermitteln, z.B. beim Sport, Malen oder Zeichnen, bei technischen Dingen oder beim Musikunterricht. Kehren Sie seine Fähigkeiten besonders vor den Klassenkameraden heraus.

Versuchen Sie, den Klassenkameraden auch einiges Wissen über die Legasthenie zu vermitteln. Walt Disney und seine Mickey Mouse ist doch jedem Kind ein Begriff. Zeigen Sie zum Beispiel eine oder mehrere Zeichnungen dieses besonderen Künstlers und erklären sie den Kindern, dass dieser Mensch ein schwerer Legastheniker war, der mit dem Lesen und Schreiben zwar Probleme hatte, aber doch so tolle Leistungen auf anderen Gebieten erbracht hat und Millionen Kinder und auch Erwachsene mit seinen Ideen begeisterte und begeistert.

Die Umgebung des legasthenen oder dyskalkulen Schülers sollte ruhig und angenehm sein. Wie schon besprochen verlieren diese Menschen die Aufmerksamkeit noch viel leichter, wenn die Umgebung verwirrend wird. Zu viel Lärm in der Klasse kann dazu beitragen, dass der Schüler sich nicht mehr völlig seiner Arbeit zuwenden kann. Verstehen Sie die Sprunghaftigkeit des Schülers bezüglich seiner Aufmerksamkeit und helfen Sie mit, sein Denken und Handeln in Einklang zu bringen. Sie sollen wissen, dass der legasthene und dyskalkule Schüler nicht dann etwas leistet, wenn er will, sondern dann, wenn er kann!

Bedenken Sie, dass diese Schüler früher ermüden als die Klassenkameraden. Legasthene und dyskalkule Schüler sollten wesentlich kürzere Stundeneinheiten haben. Es gelingt ihnen schwer, die Aufmerksamkeit länger als 25 bis 30 Minuten auf eine Thematik zu lenken.

Interessieren Sie auch die Eltern für die Probleme des Kindes. Versuchen Sie, mit ihnen zusammenzuarbeiten, sie brauchen Ihre Unterstützung. Geben Sie den Eltern nicht ständig das Gefühl, ein Problemkind zu haben.

Zeigen Sie Geduld, Verständnis, Mut und Freundschaft, diese Schüler werden es Ihnen danken. Zeigen Sie dem Schüler gegenüber Verständnis für seine differente Wahrnehmung, geben Sie auch dann positive Kommentare, wenn er sie nicht hundertprozentig verdient hat. Er bekommt ohnedies wenig Lob in Schulbelangen.

Der Schulunterricht sollte gelegentlich Elemente von "Entdeckung und offenem Ende" haben. Bedenken Sie, dass legasthene und dyskalkule Menschen ungleich länger brauchen, um Symbole, abstrakte Dinge, im Gehirn zu fixieren.

Belohnungen und Lob sind wichtig und sollten öfter als bei nicht betroffenen Kindern vorkommen. Dies ist ein besonders wichtiges Element, um den Schüler nicht in eine Defensivhaltung zu zwingen.

Vermeiden Sie ständige Kritik und Nörgelei. Dadurch erreichen Sie leider bei einem legasthenen oder dyskalkulen Schüler gar nichts, denn er macht die Fehler nicht aus einer provozierenden Absicht heraus, auch nicht aus Faulheit oder Schlampigkeit.

Vermeiden Sie schriftliche Bemerkungen unter Ansagen wie: "Du hast schon wieder nicht geübt!" oder "Du hast schon wieder zu wenig geübt!" oder "Diese Fehler sind nicht notwendig!"
Man kann sich vorstellen, wie sich ein Kind fühlt, das sein Bestes zu geben versucht, die Ansage zehnmal geschrieben hat, dann aber doch wieder in der Stresssituation versagt hat.

Vermeiden Sie Aussagen wie "Das Kind ist zu langsam, faul oder dumm!" und vergleichen Sie seine Leistungen niemals mit den Leistungen der Klassenkameraden, sondern beurteilen Sie ihn an seinen eigenen Fortschritten.

Vermeiden Sie es, ständig das Schriftbild zu kritisieren, auch wenn sich diese Menschen bemühen, wird es nicht viel besser werden. Unliniertes Papier sollte beim Schreiben generell nicht verwendet werden.

Ein legasthenes oder dyskalkules Kind sollte in der Nähe des Lehrers sitzen, damit es die Sicherheit hat, um Hilfe bitten zu können, wenn es nötig ist. Es kann vom Lehrer leichter beobachtet und ermutigt werden, er kann ihm hilfreich zur Seite stehen.
Das Kind sollte auch die Möglichkeit haben, den Blick von vorne, nicht von der Seite auf die Tafel zu werfen. Einem Kind mit einer differenten optischen Wahrnehmung kann das sehr helfen, und viele Abschreibfehler können so verhindert werden.

Wie besprochen soll vermieden werden, das Kind vor der Klasse lesen zu lassen. Das bedeutet natürlich wieder, dass Sie den anderen Kindern diesen Umstand erklären müssen.

Mit Strafen erreichen Sie bei einem legasthenen oder dyskalkulen Kind gar nichts, da das Kind mit seinem Verhalten nicht darauf abzielt, den Lehrer bewusst zu ärgern. Sie bewegen sich mit Strafmaßnahmen nur in einem Teufelskreis, aus welchem Sie und das betroffene Kind nicht mehr herausfinden.

Haben Sie den Mut, auch gegenüber Kollegen diesen Schüler mehr nach seinen mündlichen Leistungen zu beurteilen und weniger nach seinen schriftlichen. Bedenken Sie, dass Sie mitunter ein Genie an seiner Entfaltung hindern, wenn Sie dies ignorieren.

Beurteilen Sie den Inhalt und nicht die Fehler von schriftlichen Arbeiten. Viele dieser Kinder verfügen meist über eine ausgezeichnete Fantasie und Beobachtungsgabe. Unterscheiden Sie zwischen Wahrnehmungsfehlern - sie entstehen durch die differente Wahrnehmung - und Rechtschreibfehlern. Streichen Sie ihm nicht immer alle Fehler an und lassen Sie das Kind nicht ziellose, oftmalige Verbesserungen schreiben; wie Sie ja wissen, ist dies ein ziemlich sinnloses Unterfangen für legasthene Schüler. Die Wortspeicherung muss auf eine andere Art und Weise erfolgen. Darüber wird aber noch berichtet werden.

Geben Sie zum Beispiel eine ganze Wortfamilie zum Lernen auf, nicht viele verschiedene Wörter gleichzeitig. Das legasthene Kind sollte auch mehrmals das vorgeschriebene Wort nachfahren, wobei es die Buchstaben benennen soll. Danach kann das Kind das Wort aus dem Gedächtnis nochmals schreiben und es anschließend selbst kontrollieren.

Bei schriftlichen Arbeiten sind für ein legasthenes Kind fett gedruckte Schriften, reiner klarer Druck, weniger Geschriebenes und mehr Grafiken von Vorteil.

Stellen Sie aber fest, und dies ist ein sehr wichtiger Punkt, wo die Grenze zwischen legasthenen bzw. dyskalkulen Schwierigkeiten und der Faulheit des Kindes liegt. Erklären Sie dem Schüler, dass Sie zwar Verständnis für sein Problem haben, andererseits Faulheit nicht dulden. Mündlich können legasthene Kinder meist genauso gute Leistungen erbringen wie andere auch.

Leider neigen manche legasthenen Kinder dazu, die Hände in den Schoß zu legen und nichts mehr zu tun. Sie stellen fest - manche auch ganz bewusst nur aus Berechnung -, dass sie ohnedies zu nichts fähig sind, was auch beim einen oder anderen durch ständige Misserfolge tatsächlich der Fall ist. Hier sollte dann ein guter Lehrer imstande sein, das Kind zu ermutigen, sein Selbstwertgefühl zu stärken. Er sollte es aufbauen und die Anforderungen klar darlegen. Schaffen Sie klare Fronten, damit das Kind auch weiß, woran es ist, und seien Sie bei der Durchführung auch konsequent. Alle Kinder, aber besonders legasthene und dyskalkule Kinder, brauchen genaue Anhaltspunkte und vor allem Richtlinien.

Zeitdruck ist für diese Schüler ein großes Problem. Bestrebungen, die man von anderen Ländern kennt, stellen gezielte Hilfestellungen dar, z.B. die Zeit für eine Schularbeit nicht zu beschränken. Generell braucht ein legasthenes oder dyskalkules Kind für alle seine Tätigkeiten im schulischen Bereich mehr Zeit.

Ein Grundsatz sollte Ihnen klar sein: "Alles, was ein legasthener oder dyskalkuler Mensch angreifen kann, das begreift er auch!" Geben Sie ihm die Möglichkeit, Buchstaben und Ziffern dreidimensional zu erleben!
Bedenken Sie, dass diese Schüler viel länger für die Hausaufgabe brauchen als andere Kinder, je nach Tagesverfassung natürlich.

Auch die Hilfen verschiedener technischer Geräte, wie Computer, Radiorecorder oder Videorecorder, kommen diesen Schülern besonders entgegen. Vom besonderen Computerzugang dieser Kinder wird aber später noch die Rede sein.

Es ist zu beobachten, dass legasthene Kinder, welche eine zweisprachige Schule besuchen, mit noch mehr Schwierigkeiten zu kämpfen haben. Speziell das verlangte sprachliche Umschalten gelingt nur sehr mühsam.

Die Erfahrung zeigt, dass die Klassenwiederholung in der Grundschule bei legasthenen oder dyskalkulen Kindern selten zum Erfolg geführt hat. Ein Schuljahr ist viel zu kostbar, um es für derartig geringfügige Fortschritte, die so ein Kind durch die Wiederholung macht, zu verschwenden. Das Schulangebot ist wieder gleich und nicht hundertprozentig passend. Wesentlich besser wäre eine gezielte Förderung des betroffenen Schülers, die individuell seinen Problemen angepasst ist. Deutschnachhilfe oder Nachhilfe in Rechnen ist strikt abzulehnen, denn sie bekämpft nur die Symptome und Auswirkungen, aber nicht die Ursachen, und bringt oftmals Frust und Verzweiflung!

Eine individuelle Förderung im Klassenverband ist auch für den besten Lehrer ein schwieriges Unterfangen und kann deshalb nicht gefordert werden. Sogenannte Förderstunden, wie sie vereinzelt in Schulen stattfinden, haben allerdings den Haken, dass meist nur Symptomtraining gemacht wird, d.h. dass Wörter oder Rechenoperationen, die im Unterricht gelernt wurden, lediglich wiederholt werden und dass außerdem die Förderung in Gruppen passiert. Stellen sie sich vor, wir haben zehn Kinder, die alle Sehprobleme haben. Ohne festzustellen, welche Brillen sie brauchen, werden ihnen irgendwelche Brillen aufgesetzt. Einer wird vielleicht das Glück haben, besser zu sehen. Was ist aber mit den anderen?

Will man deshalb einem legasthenen oder dyskalkulen Kind zielgenau helfen, muss man wissen, welche Bereiche von differenter Wahrnehmung sich hinter seiner persönlichen Legasthenie oder Dyskalkulie verbergen. Das wiederum kann nur ein Spezialist durch ein Testverfahren feststellen. Diese Kinder brauchen eine besondere Förderung, aber keinen sonderpädagogischen Förderbedarf mit seinen Konsequenzen!

Bezüglich der Benotung sollte jeder bedenken, dass die Rechtschreibung nur Teil des Deutschunterrichtes ist und als solcher beurteilt werden sollte. Mündliche Leistungen sind gleich wie schriftliche zu bewerten.

Die Interpretation des Schulgesetzes bezüglich Leistungsfeststellung lässt jedem Lehrer wohl in jedem Lande viel Freiraum. Für eine wohlwollende Sicht benötigt der Lehrer aber ein ausreichendes Wissen über die Thematik, denn nur dann wird er auch mit der Situation positiv umgehen können.

Es gibt Länder, wo die Handhabung gesetzlich genau geregelt ist. So haben z.B. die USA für alle Bundesstaaten lediglich ein Gesetz, in anderen Ländern wiederum wird die Problematik beinahe in jeder Stadt anders geregelt, mancherorts gibt es gar keine gesetzlichen Bestimmungen. Gesetze und deren Vollzug sind aber auch immer nur so gut wie die wohlwollende Anwendung im Sinne der Betroffenen.

→ **Gegen Legasthenie, Dyskalkulie oder andere Schreib-, Lese- oder Rechenprobleme gibt es kein Patentrezept**
→ **Jeder Mensch hat "seine" individuell ausgeprägte Legasthenie oder Dyskalkulie**
→ **Individuelle Einzelförderung ist vonnöten und bringt die gewünschten Erfolge**
→ **Eine individuelle Förderung im Klassenverband ist schwierig**
→ **Eine Vertrauensbasis ist wichtig**
→ **Diese Kinder müssen täglich viele Stunden mit Tätigkeiten verbringen, die sie eigentlich nicht gut können**
→ **Der Lehrer trägt viel Verantwortung für das Bestehen dieser Kinder im Standardschulsystem**

→ Erfolgserlebnisse sind wichtig, und die richtige Motivation ist so wichtig
→ Geduld und Verständnis, Lob und Anerkennung wirken Wunder
→ Fortschritt nicht an anderen Kindern messen
→ Die Nähe des Lehrers ist wichtig
→ Strafen führen zu nichts
→ Wahrnehmungsfehler basieren auf der differenten Wahrnehmung
→ Die Wortspeicherung muss auf eine andere Art und Weise erfolgen
→ Probleme mit dem Zeitdruck, technische Hilfsmittel sind wichtig
→ Deutschnachhilfe ist kein Legasthenietraining und Mathenachhilfe kein Dyskalkulietraining
→ Worin die individuelle Legasthenie jedes einzelnen Kindes besteht, muss der Spezialist feststellen
→ Diese Kinder brauchen eine besondere Förderung, aber keinen sonderpädagogischen Förderbedarf mit all seinen Konsequenzen
→ Individuelle Hilfe ist notwendig
→ Man kann auch nicht jedem Sehbehinderten die gleiche Brille verpassen
→ Legasthenie oder Dyskalkulie darf keine Ausrede für Faulheit sein
→ Rechtschreibung ist nur ein Teil des Deutschunterrichts
→ Mündliche Leistungen sind gleich wie schriftliche zu bewerten
→ Wohlwollende Interpretation des Schulgesetzes bezüglich Leistungsfeststellung
→ Die USA haben für alle Bundesstaaten lediglich ein Gesetz

Wie Eltern ihrem legasthenen oder dyskalkulen Kind helfen können

Viele dieser Kinder haben Eltern, die selbst schon ein Leben lang mit den gleichen Problemen zu kämpfen haben. Diese sind natürlich "die Glücklichen", denn sie werden im Elternhaus Verständnis für ihre besonderen Wahrnehmungen finden. Das bedeutet natürlich einen ungeheuren Vorteil für ein Kind, speziell dann, wenn sein betroffener Elternteil im Leben, wie man so schön sagt, etwas erreicht hat. Oftmals haben zum Beispiel Mütter schon beschrieben, wie ihr legasthener Mann und ihr legasthenes Kind miteinander umgehen. Die Art und Weise ist offensichtlich eine ganz besondere. Eine Mutter hat einmal einen Ausspruch getan, der sich mit sehr vielen sinngemäß deckt, die immer wieder vorkommen. Sie sagte: "Wenn die zwei im Werkraum des Kellers etwas arbeiten und dabei miteinander sprechen, komme ich leider nicht mit und fühle mich direkt ausgeschlossen."

Es ist tatsächlich zu beobachten, dass diese Menschen in einer ganz besonderen Art und Weise miteinander umgehen. Wenn sie miteinander arbeiten, passiert dies in einer wesentlich effizienteren, schnelleren Art, als dies bei anderen Menschen der Fall ist; dies ist natürlich dadurch

Mögliche Persönlichkeitsmerkmale eines legasthenen Kindes

mit sekundärer allgemeiner Leistungsstörung

Abwehr - oder Ausweichmechanismen

Kompensations-mechanismen

Aggressive Feindseligkeit

Hypoaffektivität

Hyperaktivität

bedingt, dass diese Menschen über wesentlich schnellere Gedankengänge verfügen und diese miteinander auch nützen können. "Menschen, die uns bei der Arbeit beobachten, glauben immer, wir streiten" – erzählte ein schwer legasthener Diplomingenieur über die Arbeit mit seinem legasthenen Arbeitskollegen – "außerdem verstehen wir uns auch ohne viele Worte. Schwierig wird es nur, wenn eine Person, die nicht legasthen ist, an unserer Arbeit teilnehmen muss. Dann kommt es meist zu Schwierigkeiten."

Legasthene Kinder, die aber schon im Elternhaus auf wenig Verständnis treffen, haben es natürlich besonders schwer. Aber in beiden Fällen kann ihnen geholfen werden!

Wichtig ist, dass eine frühzeitige Hilfe einsetzt. Bitte warten Sie nicht, auch wenn man Ihnen mit dem Ausspruch kommt: "Das wird schon werden!" Dann ist das Kind plötzlich zehn Jahre alt, und es hat sich noch nichts getan, außer dass die Schwierigkeiten, die letztendlich zur völligen Entmutigung des Kindes führen, scheinbar unüberwindbar geworden sind.

Nehmen Sie auch davon Abstand, besprochene Anzeichen zu verniedlichen. Je früher man Tatsachen akzeptiert, speziell bei dieser Problematik, desto besser für alle Beteiligten. Sollten Sie eine Anzahl der bereits erwähnten Ansätze feststellen, die Sie eine Legasthenie oder Dyskalkulie bei ihrem Kind vermuten lassen, so ergreifen Sie schnell die Initiative und reagieren Sie auf die Probleme: vorerst mit Verständnis und nicht mit ständiger Kritik oder womöglich mit noch schlimmeren Maßnahmen.

Besprechen Sie ihre Vermutung mit dem Klassenlehrer, und lassen Sie sich von diesem nicht entmutigen, Schritte für ihr Kind zu setzen. Nützen Sie die verschiedenen Instanzen, die Ihnen die Schulhierarchie bietet, um möglichst das Beste für ihr Kind zu erreichen.

Lassen Sie sich auch nicht davon täuschen, dass in manchen Schulen ein sogenannter "Förderunterricht" als Zusatzstunde angeboten wird. Meist handelt es sich hier um eine Stunde in der Woche, in der der laufende Stoff lediglich wiederholt wird, und nicht um eine individuelle Hilfe, die aber legasthene oder dyskalkule Schüler benötigen. Dass dies wenig hilfreich ist, wissen Sie bereits. Außerdem nehmen an diesen Förderstunden meist mehrere Kinder teil. Nehmen wir an, alle Kinder dieser Gruppe wären legasthen. Wir wissen bereits, dass jedes legasthene Kind seine individuelle Legasthenie hat und ein Globalunterricht nichts nützt.

Auch sind die Lehrer, die diesen Unterricht halten, meist vor vielen Jahren ausgebildet worden. Sie sind leider mit den besonderen Anforderungen, welche die Probleme dieser Kinder darstellen, völlig überfordert. Auch auf dem Gebiet der Legasthenie und Dyskalkulie gibt es natürlich immer wieder neue Erkenntnisse, die man in die Praxis umsetzen sollte. Eine gut fundierte Ausbildung nach neuesten Erkenntnissen ist notwendig, um mit legasthenen und dyskalkulen Kindern richtig arbeiten zu können, und über diese verfügen leider noch viel zu wenige Lehrpersonen. Die Situation bessert sich aber zum Glück zusehends. Es ist auch richtig, dass jede Methode, die Betroffenen hilft, ihren Stellenwert hat.

Das gesamte Unterfangen, einem legasthenen oder dyskalkulen Kind lediglich ein Symptomtraining, ein Training nur an seinen Fehlern, zukommen zu lassen, ist nutzlos. Das Kind wird nur noch mehr darauf gestoßen, dass es nicht gleich ist wie die anderen in seiner Klasse. Dies wiederum bewirkt bei vielen intelligenten Kindern einen sich ständig verstärkenden Trend zur Mutlosigkeit bis hin zum völligen Verlust des Selbstwertgefühles, was sich vielfältig zeigt.

So werden manche Kinder zwar fälschlich als hyperaktiv bezeichnet, zeigen aber tatsächlich das Krankheitsbild nicht, sondern schaffen sich nur ein Ventil und sind einfach nicht mehr zu bremsen, oder sie gehen völlig in sich, werden hypoaffektiv, das heißt, sie sind nicht mehr aus der Reserve zu locken. Andere Kinder wiederum benützen als Kompensationsmechanismus den Part des sogenannten "Klassenkaspers". Auch psychosomatische Krankheiten treten auf, die eine große Belastung für alle Betroffenen darstellen.

Ist es so weit, dann ist die Legasthenie oder die Dyskalkulie nur noch ein kleines Problem, das von einem psychischen überlagert wurde. Dieses ist wesentlich schwerer in den Griff zu bekommen. Oftmals wird von Müttern berichtet, dass das Kind jedes Mal, wenn es zur Schule gebracht wird, über starke Bauch- oder Kopfschmerzen klagt. Oder noch schlimmer, dass das Kind sich jeden Morgen übergeben muss, zittert, keine Nacht mehr durchschläft, bis hin zum völlig unkontrollierten aggressiven Verhalten gegenüber jedermann.

Viele weitere psychosomatische Störungen könnten hier noch aufgelistet werden, doch sollten diese Probleme nicht unser Hauptthema sein. Es gilt, zu verhindern, dass Störungen - und dann muss man wirklich von Störungen sprechen - dieser Art überhaupt auftreten, wie auch ein generelles Abwehr- und Ausweichverhalten im schulischen Bereich, das mit Verweigern der Mitarbeit bis hin zum Verlieren der Hefte geht.

Es gilt, zu verhindern, dass gesunde "nur" legasthene oder dyskalkule Kinder mit einer Primärlegasthenie oder -dyskalkulie durch das Nichteinschreiten der Umwelt ein Problem in Form einer psychischen Erkrankung aufgenötigt bekommen und somit mit folgenschweren Sekundärproblemen zu kämpfen haben. Ist es einmal so weit gekommen, bedeutet dies einen ungeheuren zusätzlichen Druck für diese Menschen.

→ **Verständnis und damit der erste Schritt zur Hilfe beginnt im Elternhaus**
→ **Wenn zwei legasthene Menschen miteinander kommunizieren, hat ein nicht legasthener Mensch Schwierigkeiten, ihnen zu folgen**
→ **Zur Erinnerung: Hilfe soll frühzeitig einsetzen**
→ **Legasthenieunterricht in der Schule ist nicht immer zielführend**
→ **Fachkraft muss über spezielle Ausbildung verfügen**
→ **Durch rechtzeitige Hilfe werden psychosomatische Erkrankungen vermieden**
→ **Der Entstehung von Sekundärproblemen keine Chance geben**

Es gibt nicht nur eine “Buchstabenallergie“, sondern auch eine “Zahlenallergie“!

Die Dyskalkulie, eine “Zahlenallergie“, findet ebenso wie die Legasthenie im Buchstabenbereich durch die differente Wahrnehmung der Ziffern und Zahlen statt. Sowohl die sogenannte Legasthenie als auch die Dyskalkulie werden in der neueren Fachliteratur immer wieder im Zusammenhang genannt, da man bei beiden Phänomenen den gleichen Ursprung erkannt hat.

Drei Problembereiche müssen bei einem Kind beobachtet werden, damit man von einer Dyskalkulie sprechen kann:

- permanente Aufmerksamkeitsschwankungen des Kindes, wenn es mit Zahlen in Berührung kommt,
- Sinneswahrnehmungen in den verschiedenen Funktionsbereichen, die different stattfinden,
- Fehlertypologien wie Zahlenverwechslungen, Zahlensturz, Schwierigkeiten beim Erkennen von Zahlensymbolen, kein Verständnis für Zahlenräume und rechnerische Abstraktionsfähigkeiten, kein Verständnis für Mengen, Größen und Formen etc.

Sind es bei einer Legasthenie die Buchstaben, die beim Kind einen Zustand der schlechten Aufmerksamkeit hervorrufen, so sind es bei einer Dyskalkulie die Ziffern und Zahlen. Warum nun bei manchen Kindern diese Probleme manchmal in beiden Bereichen, manchmal nur isoliert in einem von diesen auftreten, weiß man nicht. Meist in der zweiten Schulstufe bemerkt man, dass das Erlernen der Rechenprozesse nicht einwandfrei funktioniert. Bis dahin können die Kinder manchmal mit Kompensationsmechanismen ihre Probleme unbewusst überdecken. Dies auf zu wenig Übung zurückzuführen, ist nicht immer zielführend. Es vergeht meist wertvolle Zeit, dann bemerkt man, dass man mit all der Übung zu wenig erreicht.

Auch in diesem Bereich ist es unbedingt notwendig, den Grundsatz, der für einen Legastheniker gilt, "alles, was ein legasthenes Kind angreifen kann, das begreift es auch", anzuwenden. Das heißt, die Rechenoperationen müssen bildlich, nicht abstrakt dargestellt werden. Da die Kinder ein wesentlich besseres bildliches als abstraktes Auffassungsvermögen haben, muss auf diese Tatsache unbedingt Rücksicht genommen werden.

Überlegt man, dass das Zählen der Grundsatz der Mathematik ist, so soll das Erwerben dieser Fähigkeit an erster Stelle stehen. Zählen Sie mit dem Kind alle Dinge, die im praktischen Leben vorkommen. Nehmen Sie eine Menge von gleichen Gegenständen, zum Beispiel Holzkugeln. Diese sollen unbedingt einfärbig sein, denn Farbigkeit ist verwirrend. Nun geben Sie dem Kind eine bestimmte Anzahl von Kugeln, die nun gezählt werden.

Sobald das Kind damit fertig ist, sollen wieder Kugeln hinzugefügt werden. Es werden wieder alle Kugeln gezählt. Bis zum Zahlenraum, mit dem das Kind bereits rechnet, sollte so verfahren werden. Dieser immer wieder zu wiederholende Vorgang bewegt das Kind früher oder später dazu, die Kugeln in eine gewisse Anzahl einzuteilen, um nicht mehr alle durchzählen zu müssen. Ist dieser entscheidende Schritt erreicht, so hat das Kind gelernt, zu kategorisieren, Mengen herzustellen.

Speziell das kleine Einmaleins, welches legasthenen Menschen oft sehr schwerfällt, lässt sich so auch dauerhaft erlernen. Legen Sie dem Kind vier Mal fünf Kugeln vor, und lassen Sie die Anzahl der Kugeln zählen. Es wird durch die bildliche Form begreifen, dass vier Mal fünf zwanzig ist. Von großer Wichtigkeit ist, dass die Kinder zur Menge auch den Begriff des Symbols hinzugefügt bekommen. Das heißt, dass zur Menge die Zahl dazugelegt oder geschrieben werden soll, damit vom Kind eine Verbindung hergestellt werden kann. Dem Beispiel oben folgend sollten dann vier Mal fünf Kugeln, darunter vier Mal die Zahl Fünf liegen und zwanzig Kugeln und darunter die Zahl Zwanzig. Diese Vorgänge müssen natürlich ständig wiederholt werden, damit ein dauerhaftes Merken des Gelernten gewährleistet ist. In der gleichen Art und Weise kann man auch bei Plus- oder Minusrechnungen, Divisionen oder Multiplikationen verfahren.

Von großer Wichtigkeit ist, dass man die Langwierigkeit, die hinter diesem Training steht, nicht unterschätzt. Geduld ist angesagt!

Von großer Wichtigkeit ist es auch, dass dem Kind ständig Erfolge ermöglicht werden, um so eine Frustration erst gar nicht aufkommen zu lassen. Ist erst einmal ein sogenannter Lernfrust entstanden, der Legasthenie oder Dyskalkulie wurde somit eine psychische Komponente hinzugefügt, so wird es ungleich schwieriger werden, das Kind wieder ins Gleichgewicht zu bringen.

Eine genetisch bedingte Dyskalkulie ist von einer psychisch oder physisch erworbenen Rechenschwäche unbedingt zu unterscheiden, weil die Förderung unterschiedlich sein muss. Bei erworbenen Rechenproblemen ist zuerst die Verursachung herauszufinden und dafür Sorge zu tragen, dass das Kind in diesem Bereich fachliche Hilfe erhält und im Rechenbereich ein individuelles und nachhaltiges Training erfolgt. Dagegen ist dafür Sorge zu tragen, dass bei einer genetisch bedingten Dyskalkulie in mehreren Bereichen - in der gezielten Aufmerksamkeitsfokussierung beim Rechnen, in der Stärkung der Sinneswahrnehmungen, die man für das Rechnen benötigt, und natürlich auch im Symptombereich - eine individuelle Förderung stattfindet. Kommen noch Sekundärproblematiken dazu, ist die entsprechende Fachkraft in die Gesamtförderung einzubeziehen.

Die Entwicklung des pädagogischen Kartenspieles Mathe4Matic erfolgte nach den wissenschaftlichen Erkenntnissen bezüglich der Entwicklung des Zahlenbegriffs beim Menschen. Das Kartenspiel stellt eine wiederum sehr effektive Unterstützung von Kindern mit Rechenproblemen dar. Mit der dreidimensionalen Darstellung der Menge und dem auf derselben Karte vorhandenen dreidimensional dargestellten Zahlensymbol wird dem Kind die Herstellung der Beziehung zwischen Menge und Symbol erleichtert und der Vertiefungsprozess unterstützt. Wissenschaftliche Untersuchungen haben gezeigt, dass diese Beziehung herstellen zu können eine wesentliche Voraussetzung dafür ist, dass Menschen das Rechnen, vor allem die Grundrechenarten, ausreichend erlernen können. In der Praxis zeigt es sich, dass sogar "Rechenmuffel" das Rechnen nicht mehr als Qual empfinden und fröhlich drauflosrechnen. Das pädagogische Kartenspiel wird in vielen Ländern im individuellen Training eingesetzt.

Pädagogisches Kartenspiel - Mathe4matic

- → **Spezielle Informationen zum Rechenbereich**
- → **Gleicher Ursprung wie bei Legasthenie wird auch für die Dyskalkulie angenommen**
- → **Aufmerksamkeitsschwankungen und differente Funktionen führen zu einer Dyskalkulie**
- → **Nicht die Buchstaben, sondern die Zahlen machen Schwierigkeiten**
- → **Auch hier ist ein bildorientiertes dreidimensionales Lernen wichtig**
- → **Das Kind muss Erfolge haben**
- → **Wichtig ist die individuelle Förderung bei einer genetisch bedingten Dyskalkulie und bei einer erworbenen Rechenschwäche**
- → **Kartenspiel Mathe4Matic**

Wahrnehmungsfehler sind keine Rechtschreibfehler

Es gibt unterschiedliche Fehlerkategorien bei der Rechtschreibung. Dieser Umstand ist aber wenig bekannt. Wahrnehmungsfehler entstehen durch die besondere Wahrnehmung eines legasthenen Menschen. Was dazu führt, dass z.B. Wörter im selben Text einmal richtig und dann wieder falsch geschrieben werden.

Rechtschreibfehler entstehen dagegen meist durch mangelndes Wissen oder überhaupt die Unkenntnis eines Wortes. Wahrnehmungsfehler fallen durch ihre Häufigkeit und Resistenz auf. Natürlich ist in unserer Rechtschreibkultur das Verständnis für die Verschiedenartigkeit dieser Bereiche - Wahrnehmungsfehler/Rechtschreibfehler - fast nicht vorhanden. Auch nicht für die verschiedenen Formen der Intelligenz. Doch ist, wenn es zu Wahrnehmungsfehlern kommt, weder ein Lerndefizit, noch Dummheit oder Faulheit im Spiel. Vielmehr ist eben die differente Wahrnehmung des Legasthenikers daran beteiligt, der in dem Augenblick nicht nachempfinden kann, dass er das Wort nicht richtig geschrieben hat, obwohl er eigentlich sogar weiß, wie man es schreibt.

Wahrnehmungsfehler

1. Wortdurchgliederung:
Auslassungen (geich)
Hinzufügungen (geleich)
Reihenfolge (geilch)

2. Vertauschung optisch unterscheidbarer Buchstaben:
(dald, Murm)

3. Vertauschung akustisch unterscheidbarer Buchstaben:
(kleich, Walt)

4. Dehnungs- und Schärfungsfehler
(schwihmen, küsen, faren)

5. Merkfehler - Speicherfehler
geläufige Wörter werden falsch geschrieben, gleiche Wörter im gleichen Text werden unterschiedlich geschrieben
vür, wier, fon
spielen, spilen, spiellen

6. Kombinationen der Typologien
schmihmen, dlad,

Wahrnehmungsfehler können in der Wortdurchgliederung passieren, Buchstaben werden ausgelassen, hinzugefügt oder die Reihenfolge der Buchstaben im Wort wird vertauscht. Es kann auch zur Vertauschung optisch oder akustisch unterscheidbarer Buchstaben kommen, Dehnungs- oder Schärfungsfehler sowie Merkfehler und Speicherfehler passieren, geläufige Wörter, sogenannte "leichte" Worte werden immer wieder falsch geschrieben. Gleiche Wörter werden im selben Text mehrmals verschieden geschrieben.

Lehrer, die sich bewusst sind, dass zwischen Wahrnehmungsfehlern und Rechtschreibfehlern Unterschiede bestehen, sollten bei der Beurteilung ihre pädagogischen Freiheiten, ihre Spielräume ausnützen. Andere sollten versuchen, hinter das Phänomen der Legasthenie zu blicken und so mehr Verständnis dafür gewinnen.

→ **Wahrnehmungsfehler entstehen durch eine momentane differente Wahrnehmung**
→ **Wahrnehmungsfehler fallen durch ihre Häufigkeit und Resistenz auf**
→ **In der Leistungsbeurteilung berücksichtigen**

Hilfe führt zum Erfolg

Verständnis und die notwendige Hilfeleistung

Der erste und zugleich der wichtigste Schritt ist, dass Sie lernen, Ihr Kind zu verstehen! Nur wenn dieser Schritt ohne Wenn und Aber vollzogen ist, können weitere gesetzt werden. Das Verständnis ist von Eltern und Lehrern notwendig. Einseitige Bemühungen führen meist nicht zum gewünschten Erfolg. Wichtig ist auch, dass man bei Schreib-, Lese- oder Rechenproblemen immer zuerst feststellt, ob das Kind den für seine Anforderungen geeigneten pädagogisch-didaktischen Ansatz erhält, damit psychische Sekundärproblematiken erst gar nicht entstehen. Die meisten der Schreib-, Lese- oder Rechenprobleme entstehen, weil dieser Ansatz dem Kind nicht zur Verfügung steht.

Fälschlich wird aber vielfach genau umgekehrt gedacht, nämlich, dass die Schreib-, Lese- oder Rechenprobleme durch die Verhaltensauffälligkeiten auftreten. Dieser Trugschluss erfolgt aus Unverständnis oder Unwissenheit, und der Hilferuf erfolgt nach psychologischer oder medizinischer Hilfe. Ein schwerwiegender Fehler, der sich

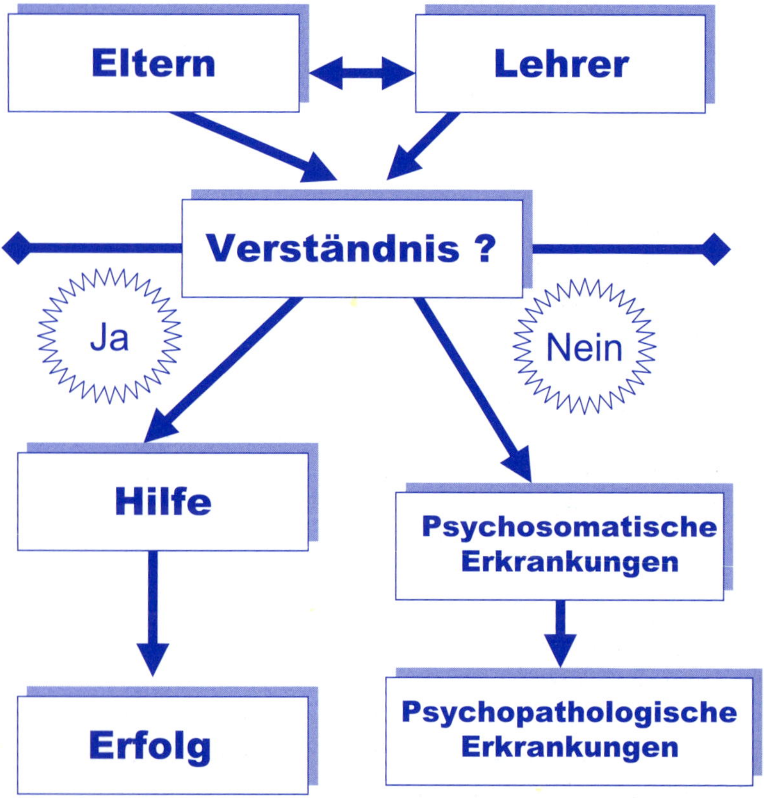
Eltern
Lehrer
Verständnis ?
Ja
Nein
Hilfe
Erfolg
Psychosomatische Erkrankungen
Psychopathologische Erkrankungen

zumal sehr negativ auf das gesamte weitere Fortkommen der Kinder auswirkt, weil die Kinder folglich von einer Therapie zur anderen gebracht werden, aber auf die immer notwendige pädagogisch-didaktische Hilfe manchmal schlichtweg "vergessen" wird.

Testverfahren

Als Nächstes sollten Sie ihr Kind einer Person mit Fachkompetenz anvertrauen, die durch ein pädagogisches Testverfahren feststellen kann, also in einer Pädagogischen Förderdiagnostik, ob sich Ihr Verdacht bestätigt. Dabei sollten Sie sich nicht scheuen, sehr genau zu hinterfragen, welche Kenntnisse dieser Spezialist über Legasthenie oder Dyskalkulie und andere Schreib-, Lese- und Rechenprobleme besitzt. Manche Kinderärzte, Psychologen oder Pädagogen haben nicht die notwendigen Fachkenntnisse auf diesem Gebiet.

Der neue AFS-Computertest, ein pädagogisches Testverfahren zur Feststellung einer eventuell vorliegenden Legasthenie/LRS/Dyskalkulie/Rechenschwäche, der, so wie die AFS-Methode, als Meilenstein der internationalen Forschung gilt, ermöglicht mit nur geringem Zeitaufwand die Kategorisierung. Erstmals werden in einem Testverfahren die drei Problembereiche des legasthenen oder dyskalkulen Kindes getestet: Aufmerksamkeit, Funktionen und Symptome. Ein Diagramm zeigt exakt die Problemstellen des Kindes, damit ein auf die individuelle Legasthenie bzw. Dyskalkulie abgestimmtes Trainingsprogramm erfolgen kann. Der Test darf ausschließlich von diplomierten Legasthenie- und Dyskalkulietrainern durchgeführt werden. Die Bezeichnung diplomierter Legasthenietrainer ist eine eingetragene Marke, welche nur von Personen, welche eine umfangreiche und im deutschen Sprachraum einzigartige Ausbildung absolviert haben, geführt werden darf.

Testauswertung

Es ist für eine Förderung unbedingt nötig, zu wissen, in welchen Teilbereichen sich die Legasthenie oder Dyskalkulie des jeweiligen Menschen ausdrückt, damit gezielte Hilfe einsetzen kann. Aus diesem Grunde muss eine genaue Testauswertung durch den Spezialisten erfolgen. Ein pädagogisches Gutachten wird erstellt. Dieses sollte alle notwendigen Informationen für die Trainingsplanung enthalten.

Planung

Sind nun die verschiedenen Bereiche der Sinneswahrnehmungen bekannt, in denen das legasthene oder dyskalkule Kind die besonderen Wahrnehmungen hat und eine Hilfe benötigt, muss eine genaue Planung des Trainings erfolgen, wobei auch die Aufmerksamkeitsfokussierung und das individuell auf die Probleme des Betroffenen abgestimmte Schreib-, Lese- oder Rechentraining geplant werden müssen.

Durchführung von Fördermaßnahmen

Die Durchführung der Förderung kann nun auf verschiedene Arten geschehen. Wichtig ist, dass die Hilfe, die zur Überwindung der Legasthenie oder Dyskalkulie führt, so individuell ist wie die jeweilige Legasthenie oder Dyskalkulie selbst. Um den gewünschten Erfolg zu erzielen, muss aber auch eine Regelmäßigkeit und eine angemessene Dauer des Trainings gewährleistet werden.

An dieser Stelle noch einiges zu der zeitweisen Unaufmerksamkeit und der manchmal zeitweisen Unruhe des legasthenen oder dyskalkulen Kindes beim Schreiben, Lesen bzw. Rechnen, die nicht selten fälschlich als Krankheitsbilder, wie Aufmerksamkeits- oder Konzentrationsstörungen oder Hyperaktivität, gedeutet werden. Dabei wird völlig "übersehen", dass diese besonderen Verhalten lediglich im Zusammenhang mit dem Schreiben, Lesen oder Rechnen auftreten.

Natürlich können auch legasthene oder dyskalkule Kinder von echten Krankheitsbildern wie Aufmerksamkeits- oder Konzentrationsstörungen oder Hyperaktivität betroffen sein, jedoch treten diese Verhalten dann nicht nur im Zusammenhang mit dem Schreiben, Lesen oder Rechnen auf, sondern sind ständig, bei all ihren Tätigkeiten präsent. Dies ist ein wesentlicher Unterschied und sollte unbedingt berücksichtigt werden. Erhalten diese Kinder geeignete pädagogisch-didaktische Hilfe, so bessern sich nicht nur ihre Schreib-, Lese- und Rechenleistungen, sondern sie werden auch aufmerksamer und ruhiger, wenn sie schreiben, lesen und rechnen. Dies ist auf den Umstand zurückzuführen, dass sie sich bei diesen Tätigkeiten sicherer und deshalb ausgeglichener fühlen.

Nehmen Sie bitte Abstand davon, Ihr Kind mit Medikamenten oder Drogen, die tatsächlich für kurze Zeit die Lese-, Schreib- oder Rechenleistungen scheinbar verbessern, zu füttern. Die Besserung der Unruhe oder der Unaufmerksamkeit setzt nur kurz ein und ist eine scheinbare, d.h., sobald die Wirkung der Medikamente nachlässt, zeigt das Kind wieder die gleichen unerwünschten Symptome. Tatsächlich ist dies nur in ganz, ganz wenigen Fällen die Lösung, nämlich dann, wenn ein definitives Krankheitsbild vorhanden ist. Es stellt sich auch leicht eine Abhängigkeit ein. Das Kind gerät in einen Teufelskreis, dem es alleine überhaupt nicht mehr entkommt. Es gibt auch alternative Methoden, diesen Problemen zu begegnen, wie autogenes Training, Kinesiologie, Bachblüten oder Homöopathie. Diese Möglichkeiten sollten aber nur zusätzlich zu einem speziellen Legasthenie- oder Dyskalkulietraining angewendet werden. Auf keinen Fall sollte man diese alternativen Möglichkeiten als Lösung betrachten, sondern vielmehr als Motivation.

Die Entwicklung des nachstehenden Legasthenie- und Dyskalkulietrainings weckt neue Hoffnungen und ist von Erfolg gekrönt. Es wird in Fachkreisen als ein Meinenstein der pädagogisch-didaktischen Forschung bezeichnet. Die hohe Wirksamkeit dieses Legasthenie- und Dyskalkulietrainingsprogramms und die geringe Ausfallsrate führen zu einer beträchtlichen Verbesserung in der Symptomatik, zu einer Reintegration in den Schulalltag, zur Verbesserung der Lebensqualität und zur Steigerung des Selbstwertgefühls der betroffenen Kinder. Sie lernen auch, mit der Legasthenie oder Dyskalkulie umzugehen und damit zu leben.

Sollten Sie als Elternteil über genügend Zeit und auch Geduld verfügen, können Sie selbst mit Ihrem Kind ein Trainingsprogramm absolvieren. Voraussetzung ist aber immer eine genaue Abklärung, um welche Art der Legasthenie oder Dyskalkulie es sich beim jeweiligen Kind handelt. Wichtig ist, dass Ihnen geeignete Hilfsmittel, Anleitungen und Fachberatung zur Verfügung stehen. Das **Easy Training Set** beinhaltet für alle Teilleistungen spezielle Übungen, die bei konsequenter Anwendung die verschiedenen differenten Funktionen messbar verbessern.

Brauchbare Hilfsmittel gibt es in Hülle und Fülle. Wichtig ist aber immer, dass man damit umgehen kann. Weiters ist eine absolut konsequente Durchführung des Trainings, die sehr viel Geduld erfordert und oft viele, viele Monate dauert, für diese Erfolge unerlässlich. Wichtig ist, dass Sie ihr Kind individuell trainieren und immer wieder motivieren. Hilfreich kann dabei ein genauer Trainingsplan sein, der von einem Spezialisten zusammengestellt worden ist.
Das Training kann auch durch einen ausgebildeten Legasthenie- oder Dyskalkulietrainer erfolgen. Dieser trainiert das Kind individuell, beispielsweise eine Stunde pro Woche. Bei einem regelmäßigen Training ist darauf zu achten, dass das Kind nicht überfordert wird. Jeden Tag stundenlang zu trainieren, und das womöglich mehrere Monate, wäre nicht empfehlenswert.

Man muss sich in Geduld fassen, bis sichtbare Verbesserungen erzielt werden können!

Die AFS-Methode
Attention - Function - Symptom

Die AFS-Methode wird als Meilenstein der pädagogischen Forschung bezeichnet und ist eine multisensorische Methode. Die Methode ist umfassend und auch offen. Sie vereint drei bedeutende Gebiete der Legasthenie- und Dyskalkulieforschung. Besonders wichtig ist die richtige Kombination von Aufmerksamkeitstraining (Attention), Funktionstraining (Function) und Symptomtraining (Symptom): Das Kind muss mit Übungen dazu bewegt werden, das nachfolgende Training besser aufnehmen zu können, es muss lernen, seine Gedanken auf das Schreiben, Lesen oder Rechnen zu fokussieren - im Funktionstraining (Function) ohne und mit dem Symbol (Buchstaben oder Zahlen), das Kind muss speziell und individuell an seinen Funktionen, auch Teilleistungen oder Sinneswahrnehmungen genannt, trainiert werden.

Das Lernen mit allen Sinnen ist von großer Wichtigkeit für legasthene und dyskalkule Menschen. Im Symptomtraining (Symptom) wird mit den Kindern an den Fehlern gearbeitet, denn das Schreiben kann nicht ohne das Schreiben, das Lesen kann nicht ohne das Lesen, das Rechnen nicht ohne Rechenübung erlernt werden. Mit der AFS-Methode wird der Bedeutung der richtigen Kombination dieser drei Gebiete Rechnung getragen. Es werden alle Bereiche, die den Kindern Schwierigkeiten bereiten, gefördert - und deshalb bezeichnet man die AFS-Methode auch als eine umfassende. Die Methode wird sowohl den Ursachen als auch Symptomen der Legasthenie oder Dyskalkulie gerecht.

Die Methode ist als eine völlig offene zu betrachten. Jeder Ansatz, der zur Verbesserung des Zustandes des legasthenen oder dyskalkulen Menschen führt und damit zu Verbesserungen im Schreiben, Lesen oder Rechnen führt, kann integriert werden.

Sie müssen darauf bedacht sein, dass dem legasthenen oder dyskalkulen Menschen in erster Linie dabei geholfen wird, die Gedanken für längere Zeit auf eine bestimmte Tätigkeit zu richten, die mit Buchstaben oder Ziffern bzw. Zahlen zu tun hat. Machen Sie ihm bewusst, bei der Sache zu sein. Legasthene oder dyskalkule Menschen sind diesen Zuständen, die Gedanken schlecht leiten zu können, ziemlich hilflos ausgeliefert. Sobald ihre Gedanken weggehen bzw. abschweifen, fällt es ihnen nicht mehr leicht, diese auf die Sache zurückzubringen, mit der sie sich gerade beschäftigen. Deshalb muss man es die Kinder lehren. Hat das Kind dies einmal empfunden, wie es funktioniert, so werden viele Fehler, die hauptsächlich durch die Unaufmerksamkeit oder das oberflächliche Umgehen mit Buchstaben oder Ziffern bzw. Zahlen, also Symbolen, entstehen, nicht mehr passieren.

Dieser Prozess, die Aufmerksamkeit zu automatisieren, dauert lange und verlangt sehr viel Selbstdisziplin und viel Übung. Doch mit Geduld und der Hilfe einer wohlwollenden Person, die dabei Hilfestellungen leistet, lässt er sich verwirklichen. Der Betroffene sollte in der Situation des Schreibens, des Lesens, des Rechnens oder des Lernens immer wieder darauf aufmerksam gemacht werden, seine Gedanken in Zaum zu halten. Er sollte diese auf seine momentane Tätigkeit richten und seine schnellen

Gedanken sozusagen bremsen. Gedanken zu lenken, nach dem eigenen Willen, ist für einen legasthenen oder dyskalkulen Menschen eine sehr schwer zu bewältigende Aufgabe. Ist der Vorgang aber oft genug geübt worden und wird er immer wieder bewusst gemacht, so wird er sich schließlich im Kind festigen, beim dem einen schneller, beim anderen langsamer.

Sobald der Vorgang des Zusammenschließens von Denken und Handeln gelungen ist, das Kind aufmerksam bei der Sache des Lesens, Schreibens oder Rechnens ist, verringern sich die Fehler, denn das Kind bringt nun erstmals das zustande, was es schon kann. Betroffene Kinder zeigen eine unglaubliche Erleichterung, wenn sie merken, dass es ihnen gelingt, die Gedanken besser im Griff zu haben, und wenn man ihnen zeigt, dass sie deutlich weniger Fehler machen, wenn sie aufmerksam sind.

Der nächste Schritt ist dann das Funktionstraining, damit die Betroffenen den Kampf, besser schreiben, lesen oder rechnen zu können, gewinnen, der besser vorerst gar nicht als ein Kampf ausarten soll. Die jeweiligen Teilleistungen, welche die individuelle Legasthenie oder Dyskalkulie eines Menschen ausmachen, müssen speziell trainiert werden, um so die Sinne zu schärfen. Wichtig ist, dass ein Legasthenie- oder Dyskalkuliespezialist vor Beginn des Trainings feststellt, welche Teilleistungen betroffen sind.

Es ist eine logische Tatsache und eine Notwendigkeit, dass man nur mit gut ausgebildeten Sinneswahrnehmungen auch entsprechende Leistungen im Schreiben, Lesen und Rechnen erbringen kann. Daran hat sich wohl bis

URPROBLEM **DES LEGASTHENEN KINDES:**
KANN SEINE GEDANKEN SCHLECHT LENKEN

LÖSUNG:
AUFMERKSAMKEITS-STEIGERUNGSTRAINING

PROBLEM **DES LEGASTHENEN KINDES:**
DIFFERENZIERTE WAHRNEHMUNG

LÖSUNG:
FUNKTIONSTRAINING IN DEN VERSCHIEDENEN TEILLEISTUNGSBEREICHEN

PROBLEM **DES LEGASTHENEN KINDES:**
FEHLERSYMPTOMATIK BEIM LESEN SCHREIBEN UND RECHNEN

LÖSUNG:
SYMPTOMTRAINING

Aufbau Legasthenietraining ATTENTION – FUNCTION - SYMPTOM Methode

Aufmerksamkeitstraining
Übungen zur Aufmerksamkeitssteigerung

Funktionstraining
im Bereich ohne Symbole und im Symbolbereich

Symptomtraining
Training an den Fehlern

heute nichts geändert. Schon Dr. Maria Montessori hat dies im vorigen Jahrhundert erkannt und erfolgreich in der Förderung eingesetzt.

Für legasthene und dyskalkule Menschen ist natürlich das Üben an ihren Fehlern genauso unerlässlich wie für jedes andere Kind. Ganz wichtig ist es aber, auf die besonderen Bedürfnisse einzugehen. Eine Grundregel lautet, dass alles, was diese Menschen angreifen können, sie auch begreifen werden. Die Abstraktheit der Buchstaben oder Ziffern bzw. Zahlen bildhaft zu machen, ist wichtig. Dieser Umstand muss also im Symptomtraining berücksichtigt werden.

Lassen Sie das Kind die Wörter mehrmals mit Knetmasse erarbeiten. Lassen sie das Kind die einzelnen Buchstaben eines Wortes handwerklich herstellen und vor sich aufstellen. Zusätzlich sollte dem Kind ermöglicht werden, sich ein Bild von dem jeweiligen Wort, also ein **WORTBILD** zu machen. In diesen Teil des Trainings fallen aber auch sämtliche Grundlagen des Deutschunterrichtes wie Grammatik, Satzzeichen etc.

Auch der **WORTKLANG** des zu erarbeitenden Wortes soll mehrmals wiederholt werden.

Schließlich muss man bei legasthenen Menschen darauf achten, dass die **WORTBEDEUTUNG** genügend besprochen wurde, um so eine leichtere Wortspeicherung zu ermöglichen. Die Vertiefung der Wortbedeutung ermöglicht, das Wort hervorzuholen, wenn es wieder gebraucht wird. Nicht bei jedem Wort benötigt das legasthene Kind diese Vorgehensweise. Viele Wörter werden ohne spezielle Vertiefung behalten. Man kann immer wieder beobachten, dass diese Menschen über einen sogenannten persönlichen "Fehlerkatalog" verfügen, gewisse Wörter immer wieder falsch schreiben. Deshalb sollte ein Katalog erstellt und erarbeitet werden.

Die AFS-Methode kann auch in komprimierter Form, in z.B. einer Woche als Intensivtraining durchgeführt werden. Die Besonderheit ist, dass der Betroffene in einer Woche ohne irgendwelche anderen schulischen Schwerpunkte sich ausschließlich dem Training widmen kann und vor allem intensiv lernt, seine Gedanken besser zu beherrschen, was im Einzelstundentraining sonst wesentlich längere Zeit beansprucht.

Diese Trainingsform eignet sich besonders für die Ferienzeit. Weitere Interventionen nach diesem Intensivtraining sind aber unbedingt notwendig, damit die Verbesserungen und der damit verbundene Erfolg anhalten. Keinesfalls darf man davon ausgehen, dass diese eine Trainingswoche alle Probleme aus der Welt schafft. Sie stellt nur einen sehr guten Grundstein für weitere Hilfestellungen dar.

Eine besondere Trainingsmethode, die in Amerika entwickelt wurde, hilft dem legasthenen Menschen, in einem eine Woche dauernden dreißigstündigen Intensivtraining seine Legasthenie zu überwinden. Auch als Schulversuch angewendet hat diese Methode schon vielen legasthenen Menschen geholfen. Dieses individuelle Training zeigt den legasthenen Menschen in einer Art Selbsthilfe, ihre besonderen Talente zielgenau einzusetzen. Zusätzlich wird das Selbstbewusstsein gestärkt, damit die Kinder lernen, mit sich selbst klarzukommen.

Das Training zielt auf drei besondere Begabungen, die fast jeder legasthene Mensch aufweist, ab:

- Das bildhafte Verstehen und das Umsetzen in den Umgang mit Buchstaben und Zahlen stehen im Mittelpunkt. Wir wissen, dass alles, was ein legasthener Mensch angreifen oder dreidimensional sehen kann, er sich auch merken wird. Diesem Umstand wird Rechnung getragen. Viele Wörter unseres Grundwortschatzes werden erarbeitet. Dabei wird versucht, auch Wörtern, die beim legasthenen Menschen kein Bild hervorrufen, wie zum Beispiel das Wort "lassen", eine Bildhaftigkeit zu geben. Man stellt eine Situation mit dem Wort dar, die dieses bildhaft erscheinen lässt. So kann das Wort besser und dauerhafter gespeichert und bei Bedarf wieder abgerufen werden.

- Es wird beim Training ständig darauf geachtet, dass der legasthene Mensch lernt, seine vielfach schnelleren Gedankengänge nach seinem Willen einzusetzen, sie an den Ort des Geschehens zurückzuholen, wenn sie ihm entgleiten. Dieses willentliche Einsetzen seiner Gedanken gelingt dem legasthenen Menschen ohne Übung nur sehr schwer oder überhaupt nicht. Dadurch kann er so oft sein Wissen, über das er tatsächlich verfügt, nicht im gewünschten Moment einsetzen. Nachdem er dies gelernt hat, wird ihm so eine Art neue Welt eröffnet. Es wird ihm ein Werkzeug in die Hand gegeben, mit dem er sich leichter über seine

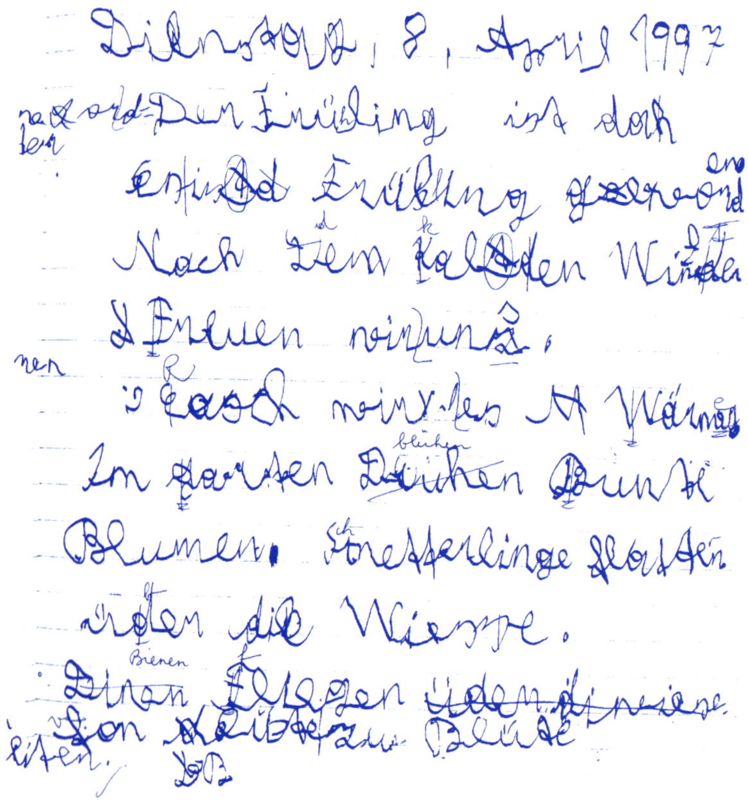

Martin, 8 Jahre, vor dem einwöchigen Intensivtraining im April 1997.

Montag, 20. Oktober 1997

Der Garten im Herbst

Die Birnen und Pflaumen sind
schon abgepflückt. Zwei Spatzen
baden in einer Pfütze. In einer
Gartenecke sonnt sich eine Katze.
Die Brombeeren werden schon
reif. Sie schmecken wunderbar.
trocken. Auch die Zwetschgen
cken. sind schon zercken-
z.B. Am Rosenstock leuchten

Martin, 8 Jahre, nach dem einwöchigen Intensivtraining im Sommer 1997.

Lese-, Schreib- oder Rechenprobleme bringen kann. Mit Freude wird dieses Werkzeug dann eingesetzt. Meist schon am zweiten Tag des Trainings wird eine Steigerung der Gedankenlenkung empfunden.

- Durch das Aufzeigen von Möglichkeiten, wie man die Symbole besser meistern kann, gerät der legasthene Mensch in eine Motivation, die es ihm ermöglicht, über einen Zeitraum von dreißig Stunden so intensiv zu arbeiten. Da wir wissen, dass diese Menschen sich für eine Sache, die sie interessiert, mehr als hundertprozentig mit größter Aufmerksamkeit einsetzen können, ist diese Methode so wirksam und von großem Erfolg gekrönt.

Mit einer speziellen Lesemethode können legasthene Kinder, die Schwierigkeiten haben, das Lesen zu erlernen, besser motiviert werden, auch diese Hürde zu meistern. Normalerweise müssen legasthene Menschen sehr viel Energie für die Identifikation der Buchstaben und Wörter aufwenden, sodass ihnen der Inhalt des Gelesenen oft verloren geht. Eine speziell nach erfolgten wissenschaftlichen Studien entwickelte Leseschablone verleiht den Kindern das Gefühl, die Buchstaben leichter zu identifizieren. Die Wörter können schließlich leichter gelesen werden.

Zwischen drei verschiedenfärbig durchsichtigen Lesefeldern in Hellblau, Rosa und Gelb kann das Kind wählen. Der zu lesende Text wird von der Leseschablone eingegrenzt. Das Kind bleibt auf der Zeile, die Buchstaben hüpfen und verschwimmen nicht mehr, die Augen werden geschont, der Leser ermüdet nicht so schnell. In

Versuchsklassen, in denen alle Kinder im Leseunterricht mit der **Easy-Reading-Leseschablone** lesen, zeigt sich, dass die Motivation zu lesen extrem hoch ist und dass das Lesen nicht als Belastung empfunden wird. Die Leseschablone ist übrigens auch hervorragend für nicht legasthene Kinder und sogar für Erwachsene geeignet. Auf der Leseschablone wird auch die besondere Lesemethode beschrieben, die das Lesen und das gleichzeitige Verstehen des Gelesenen fördert. Nun wurde diese Art des Lesenerlernens auch in einem Computerprogramm, dem **Easy Reading Program**, umgesetzt.

Viele legasthene Menschen lesen, indem sie die Wörter lediglich zusammenlauten. Da sie dabei ihre ganze Energie brauchen, bleibt für die Bedeutung des Gelesenen zu wenig übrig. Lesen und nicht zu wissen, was man gelesen hat, ist natürlich ein Vorgang, der nicht zur Wiederholung anregt.

Eine nicht zu unterschätzende Beispielhaftigkeit der Eltern soll hier auch Erwähnung finden. Kinder, deren Eltern gerne und öfter lesen, finden trotz mancher Schwierigkeiten daran mehr Gefallen.

Es sollte also aus den verschiedenen Methoden und Programmen jenes herausgegriffen werden, von dem anzunehmen ist, dass es positiv auf den jeweiligen legasthenen oder dyskalkulen Menschen wirkt. Es gibt bei der Förderung von legasthenen Kindern keine allein gültige Methode, kein Training, das bei jedem Betroffenen Erfolge bringt.

All diese Fördermaßnahmen verlangen aber vom legasthenen und dyskalkulen Menschen, dass er sich seiner Probleme bewusst ist. Sollte dies nicht der Fall sein, so wird jegliche Art von Förderung scheitern.

Ständige Kontrolle

Wichtig ist aber, dass das Kind vom Trainer ständig beobachtet wird. Sowohl eine Überforderung als auch Unterforderung ist nicht zielführend.

Das richtige Maß zu finden, ist eine Sache, die viel Einfühlungsvermögen und Erfahrung vom Trainer verlangt. Sollte die Mutter als Trainer fungieren, so ist darauf zu achten, dass die Förderung weitgehend ohne starke Emotionen abläuft. Sollte dies nicht möglich sein, ist ein erfolgreiches Training eher unwahrscheinlich.
Es darf keine Diskrepanz zwischen Testergebnis und tatsächlich durchgeführten Trainingsinhalten geben. Ein Training, das frühzeitig abgebrochen wird, kann natürlich nicht den gewünschten Erfolg bringen.

Der Trainer sollte ständig das Selbstwertgefühl des Kindes stärken und ihm das Gefühl geben, dass er seine Sicht der Dinge versteht. Dann werden sich die Erfolge einstellen.

Der legasthene und dyskalkule Mensch wird zwar sein Leben lang diese besondere Informationsverarbeitung innehaben, welche in vielen Bereichen definitive Vorteile bringt, jedoch nicht für das Schreiben, Lesen oder Rechnen. Hat er die Legasthenie oder Dyskalkulie einmal überwunden, so kann er jeden Bildungsgrad erreichen. Man muss sich die Notwendigkeit vor Augen führen, dass hinter jedem dieser Menschen eine Person steht, die ihm, solange er die Schule besucht, den Rücken stärkt.

Die Bücher “Legasthenie-Training nach der AFS-Methode“ oder “Dyskalkulie-Training nach der AFS-Methode“ sind im KLL-Verlag erschienen und informieren sehr ausführlich über den Unterricht und das Training von legasthenen oder dyskalkulen Kindern mit der AFS-Methode. Die Bücher enthalten viele Ideen für das praktische Arbeiten.

→ **Verständnis des Umfeldes ist der erste Schritt zur Verbesserung**
→ **Ein Spezialist muss feststellen, worin die jeweiligen Schreib-, Lese- oder Rechenprobleme bestehen**
→ **Die zeitweise Unaufmerksamkeit oder die zeitweise Unruhe beim Schreiben, Lesen oder Rechnen darf man nicht als Krankheitsbilder deuten**
→ **AFS-Computertest zur Feststellung einer Legasthenie/ LRS oder Dyskalkulie/Rechenschwäche**
→ **Gezielte Hilfe muss einsetzen**
→ **Genaue Planung des Trainings ist Voraussetzung für den Erfolg**
→ **Verschiedene Arten der Durchführung von Fördermaßnahmen**
→ **Eltern oder Spezialisten fördern mit speziell entwickelten individuellen Trainingsmaterialien**
→ **Unerlässlich ist die konsequente regelmäßige Durchführung des Trainings**
→ **Förderung durch ausgebildete Legasthenie- und Dyskalkulietrainer**
→ **Training erfolgt über einen längeren Zeitraum**
→ **Die AFS-Methode – Aufmerksamkeitstraining – Funktionstraining – Symptomtraining**
→ **Eine umfassende und offene Methode**
→ **Einbeziehen aller Sinne bei der Förderung**

- → **Wortbild – Wortklang – Wortbedeutung**
- → **Dreißigstündiges Intensivtraining - Überwindung der Legasthenie in einer Woche**
- → **Selbsthilfe für legasthene Menschen**
- → **Drei besondere Begabungen: bildhaftes Verstehen, seine schnellen Gedankengänge nach seinem Willen einsetzen, durch Motivation intensiv arbeiten**
- → **Spezielle Lesemethode bringt den Kindern Freude am Lesen**
- → **Das Trainingsprogramm muss immer individuell auf die Bedürfnisse des Betroffenen abgestimmt sein**
- → **Der jeweilige Erfolg ist auch vom Problembewusstsein des Betroffenen abhängig**
- → **Emotionen vermeiden und Selbstwertgefühl stärken**
- → **Hinter jedem erfolgreichen legasthenen oder dyskalkulen Menschen steht eine Person, die ihn versteht**

Computerunterstütztes Training führt zum Erfolg

Viele legasthene und dyskalkule Kinder haben zum Medium Computer einen außergewöhnlich guten Zugang. Ein Grund dafür ist zum Beispiel die Tastatur, deren Tasten fix angeordnet sind und sich ständig am selben Platz befinden. Diese Menschen speichern mit ihrem bildhaften Gedächtnis die Anordnung der Tasten ganz genau und sind imstande, dieses Bild auf Knopfdruck in Symbole, sprich Buchstaben, umzuwandeln. Dies erfolgt ohne grafomotorische/handschriftliche Leistung, das heißt, dass der geschriebene Buchstabe oder auch Ziffern bzw. Zahlen immer in der gleichen Form, gleichmäßig, in die Zeile passend, am Bildschirm erscheinen.

Das grafische Userinterface (GUI) der heutigen Betriebssysteme, oder einfach gesagt, die Oberfläche der Symbole und Zeichen, die am Computerbildschirm dargestellt werden, wird als Bild und Objekt dargestellt. Noch vor wenigen Jahren konnte mit Computern nur durch schriftliche Befehle über die Tastatur kommuniziert werden. Heute erfolgt ein Großteil der Computersteuerung mit der Maus. Angeklickt werden visualisierte Befehle (Icons), um Programme auszuführen, Daten auszudrucken etc.

Alle diese Vorgänge entsprechen der Denkart dieser Menschen. So ist diese moderne objektorientierte Programmierung sogar genau das Abbild ihrer Denkstruktur.

In den modernen amerikanischen Softwareschmieden wird bei Aufnahmetests besonders auf diese Denkstrukturen Wert gelegt, dagegen werden Schreibfehler ignoriert. Computerfirmen haben mit dem geistigen Potenzial legasthener Menschen enormen Erfolg. Die Kenntnisse der konventionellen Kulturtechniken dieser Menschen sind wesentlich weniger wichtig als ihre besonderen Begabungen und Stärken.

Die heutige Generation von Kindern wächst mit dem Medium Computer heran, wie vor fünfzig Jahren unsere Eltern mit dem Radio. Die Bedienung eines Radios für unsere Eltern ist mit der Komplexität der Bedienung eines Computers unserer Kinder zu vergleichen. Die entsprechenden installierten Computerprogramme vermögen ein Kind von Schulbeginn an intensiv zu unterstützen. Deutsch, Mathematik und andere schulische Fächer werden unterhaltsam präsentiert, geübt und vertieft. Dafür gibt es am deutschen und internationalen Softwaremarkt jede Menge Beispiele. Informieren Sie sich aber vorher über die Qualität der Programme, ein hoher Preis garantiert keinesfalls einen hohen Nutzen.
Pädagogisch am wertvollsten sind jene Stunden am Computer, die Sie gemeinsam mit Ihrem Kind beim Spielen und Arbeiten verbringen. Vermeiden Sie die persönliche Isolation und Einsamkeit durch zeitliche Steuerung des Spiel- und Schulungswerkzeuges Computer. Auch

Eltern ohne Computerkenntnisse können den Ein- und Ausschaltknopf bedienen.

In Zusammenarbeit mit der Technischen Universität Graz und dem Institut für Biomedizin, mit Hilfe von Pädagogen, Medizinern, Psychologen und Technikern entstand eine außergewöhnliche Software. Angelehnt an das schon vorgestellte **Easy Training Set** schärft sie genau all jene Sinne der Kinder, die im Zusammenhang mit der Lese-, Schreib- und Rechenleistung stehen.

Interessanterweise ist dieses Programm schon ab dem Vorschulalter auch für nicht betroffene Kinder geeignet, da es keine Symbole wie Buchstaben oder ZIffern verwendet. Es werden die Sinneswahrnehmungen der Optik, Akustik und Raumwahrnehmung trainiert.

Eine weitere Besonderheit stellt die sogenannte Highscore-Datenbank dar. Hier werden die erzielten Leistungen des einzelnen Kindes miteinander verglichen. Auch kann das Kind bei jedem Trainingsspiel entscheiden, ob die erreichte Punkteanzahl in die persönliche Highscore-Datenbank aufgenommen werden soll oder nicht. Für Eltern und Lehrer ergeben sich neue Aspekte. Man kann mit dem Programm Reporte ausdrucken, welche über Trainingstagesleistung und Leistungsverbesserung genau berichten. Über einen längeren Zeitraum ist so ersichtlich, dass sich etwas zum Positiven verändert. Die gleichen Tätigkeiten am Papier empfinden viele Kinder als langweilig, anstrengend und ermüdend.
Eine weitere Beobachtung zeigt, dass Kinder ihre Aufmerksamkeit am Computer wesentlich länger halten

können als beim herkömmlichen Lernen. Das Programm mit diesen beschriebenen Fähigkeiten heißt **Easy Training Program**. Die hervorragende Wirkungsweise bei betroffenen Kindern wurde in einer wissenschaftlichen Studie des Austrian Research Centers in Seibersdorf nachgewiesen. Es wurde festgestellt, dass sich nur in der Untergruppe, die das "Easy Training Program" benützten, Verbesserungen zeigten. Auch das **Easy Reading Program** ist ein bewährtes Leselernprogramm, welches sich an den Gebrauch der Leseschablone anlehnt.

Kostenlose Computerspiele- und Arbeitsblättersammlung des EÖDL auf DVD-Rom

→ **Ausgezeichneter Computerzugang**
→ **Vorgänge am Computer kommen der Denkart dieser Menschen entgegen**
→ **Wir machen uns die besonderen Talente nicht zunutze**
→ **Spezielles Computerprogramm für legasthene und dyskalkule Kinder, das die Sinne schärft**
→ **Auch für nicht legasthene oder nicht dyskalkule Kinder zur Sinnesschulung geeignet**
→ **Alle Sinneswahrnehmungen, die man für das Schreiben, Lesen und Rechnen benötigt, werden geübt**
→ **Längere Aufmerksamkeit beim Arbeiten am Computer**
→ **Studie über das Easy Training Program**
→ **Leselernsoftware Easy Reading Program**
→ **Kostenlose Informationen und Arbeitsmaterialien**

30 Fragen zum Thema

Was ist Legasthenie?

Als Legasthenie bezeichnet man die Problematik, wenn es bei offensichtlich intelligenten Kindern zu einer Diskrepanz zwischen ihren allgemeinen Leistungen und den Leistungen, die sie im Schreib-/Lesebereich erbringen, kommt, welche biogenetische Ursachen hat.

Was sind die Ursachen einer Legasthenie?

Neuere Forschungen weisen darauf hin, dass eine Legasthenie zu einem großen Teil biogenetisch bedingt ist. Bisher wurden sechs Regionen auf den Chromosomen 1, 2, 3, 6, 15 und 18 identifiziert, die die Lese- und Rechtschreibfähigkeit indirekt beeinflussen. Diese Erbinformationen, welche differente Sinneswahrnehmungen verursachen, machen legasthenen Menschen Probleme beim Erlernen des Schreibens, Lesens und/oder Rechnens. Es ist sehr wichtig, ein Ursachenverständnis zu entwickeln und zu erkennen, welche Bedeutung Zusatzfaktoren haben können und wie sie die Primärlegasthenie mitbeeinflussen.

Was ist Dyskalkulie?

Als Dyskalkulie bezeichnet man Schwierigkeiten der Kinder im Umgang mit Zahlen, Zahlenräumen und Grundrechenoperationen. Die Verursachung liegt noch weitgehend im Ungewissen, weil sich die Forschung noch nicht sehr lange mit dieser Problematik beschäftigt. Man nimmt aber an, dass diese ähnliche Ursachen wie die Legasthenie hat.

Wann kann man als Laie eine Legasthenie/Dyskalkulie vermuten und wie kann man sie erkennen?

Kommt es bei offensichtlich intelligenten Kindern völlig unerwartet zu Schwierigkeiten beim Erlernen des Schreibens, Lesens und/oder Rechnens (Dyskalkulie), so sollte man auch eine mögliche Legasthenie/Dyskalkulie in Betracht ziehen und vorerst Beobachtungen tätigen. Grundsätzlich zeigt sich bei legasthenen/dyskalkulen Kindern eine auffällige zeitweise Unaufmerksamkeit, wenn sie schreiben, lesen oder rechen, also mit Buchstaben oder Zahlen in Verbindung kommen, bei sonstiger guter Aufmerksamkeit im Zusammenhang mit anderen Tätigkeiten, und es werden insgesamt allerlei Schwierigkeiten mit Buchstaben, Wörtern oder Zahlen beobachtet.

Wann spricht man von einer Legasthenie?

Von einer Legasthenie spricht man, wenn sich bei Kindern beim Erlernen des Schreibens und Lesens Probleme ergeben, welche durch differente Sinneswahrnehmungen hervorgerufen werden. Daraus folgt eine zeitweise Unaufmerksamkeit beim Schreiben und Lesen, die wiederum zu Wahrnehmungsfehlern führt.

Ist Legasthenie und Lese-Rechtschreibschwäche (LRS) das Gleiche?

Es gibt verschiedene Gründe, die zu Problemen beim Schreiben und Lesen führen, deshalb muss man auch verschiedene Arten und Formen unterscheiden. Bei einer Legasthenie, auch Spezielle Lese-Rechtschreibschwäche genannt, handelt es sich um eine biogenetische Anlage im Menschen, die ein Leben lang vorhanden ist und lediglich durch ein spezielles Training im Schreib- und Lesebereich zu Erfolgen führt. Dagegen ist die Lese-Rechtschreibschwäche eine erworbene, zumeist auch vorübergehende Problematik, die durch psychische oder physische Ereignisse hervorgerufen werden kann.

Die Unterscheidung der Legasthenie und der Lese-Rechtschreibschwäche ist deshalb von größter Wichtigkeit, weil die Förderungen und Interventionen, die in beiden Bereichen stattfinden sollten, unterschiedlich sein müssen. Bei der Förderung eines legasthenen Menschen genügt es nicht, nur im Schreib- und Lesebereich zu arbeiten, sondern man muss unbedingt auch Interventionen zur Schärfung der Sinneswahrnehmungen - die man für das Schreiben, Lesen und Rechnen benötigt - und auch eine Verbesserung der Aufmerksamkeit - das Zusammenführen des Denkens und Handelns - anstreben. Beim LRS-Kind genügt es zumeist, wenn die Ereignisse, welche die LRS hervorgerufen haben, in geregelte Bahnen geleitet worden sind und ein ausgiebiges Training im Symptombereich stattfindet, damit sich Verbesserungen einstellen.

Wann kann man eine Legasthenie/Dyskalkulie feststellen?

Der früheste Zeitpunkt dafür liegt in der zweiten Hälfte der ersten Schulstufe. Das Kind muss sich schon ausreichend mit Buchstaben und Zahlen auseinandergesetzt haben. Im Vorschulalter kann man zwar differente Sinneswahrnehmungen durch Testverfahren feststellen. Diese müssen aber nicht zwingend eine Legasthenie/ Dyskalkulie nach sich ziehen.

Wer stellt eine Legasthenie/Dyskalkulie fest?

Legastheniespezialisten, wie diplomierte Legasthenietrainer, können auf pädagogischer Ebene anhand eines Testverfahrens eine eventuell vorliegende Legasthenie/ LRS/Dyskalkulie feststellen. Auch muss unbedingt eine Anamnese gemacht werden. Sollten sich dabei Verdachtsmomente auf Sekundärproblematiken ergeben, so sind Fachleute aus den Bereichen der Medizin, der Psychologie etc. beizuziehen. Speziell Hör- und Sehtests haben sich bewährt, weil man dadurch körperlich bedingte Probleme in diesen Bereichen mit Sicherheit ausschließen kann.

Kann man mittels eines Intelligenztests eine Legasthenie feststellen?

Wie das Wort schon ausdrückt, wird durch einen

Intelligenztest die Intelligenz eines Menschen festgestellt. Die Intelligenz eines Menschen sagt aber tatsächlich nichts über eine eventuell vorhandene Legasthenie aus. Kinder mit niedrigem IQ werden nicht als Legastheniker, sondern als kognitiv minderbegabt bezeichnet. Nicht selten wird so eine ausbleibende Förderung gerechtfertigt. Unverständlicherweise werden aber manchmal Diagnostiken mittels Intelligenztest als Bedingungen für etwaige finanzielle Förderungen durch den Staat verlangt.

Muss bei einem Verdacht auf Legasthenie unbedingt ein Lese-Rechtschreibtest gemacht werden?

Die Schreib- und Leseleistungen von legasthenen Kindern sind sehr von ihrer jeweiligen momentanen Verfassung abhängig. So kommt es nicht selten vor, dass legasthene Kinder bei LRS-Tests oft verblüffen und keinen oder nur wenige Fehler machen. Derselbe Test bringt aber mitunter am nächsten Tag ein völlig anderes Ergebnis. Deshalb ist es für eine gezielte Förderung wesentlich aufschlussreicher, anhand von Texten und Leseleistungen, die über einen längeren Zeitraum erbracht worden sind, Fehleranalysen anzufertigen.
Unverständlicherweise werden aber manchmal Diagnostiken mittels LRS-Tests als Bedingungen für etwaige finanzielle Förderungen durch den Staat verlangt.

Was ist die multiaxiale Diagnostik?

Bei Verdacht auf eine Sekundärlegasthenie müssen auch Interventionen auf psychologischer oder medizinischer Ebene neben der pädagogischen Förderung veranlasst werden, damit ein nachhaltiger Erfolg erzielt werden kann. Eine Mehrebenendiagnostik bedeutet die parallele Abklärung der Problematik durch den Pädagogen, Psychologen und Mediziner.

Wie unterscheidet sich die Primärlegasthenie von der Sekundärlegasthenie?

Von einer Primärlegasthenie spricht man, wenn sich beim Erlernen des Schreibens oder Lesens Schwierigkeiten ergeben, die biogenetische Ursachen haben. Spezielle Förderungen müssen im pädagogisch-didaktischen Bereich erfolgen.
Von einer Sekundärlegasthenie spricht man, wenn sich zu den oben genannten Schwierigkeiten - diese können schon vorhandene oder durch das Nichterkennen der Legasthenie und durch die unterlassene Hilfestellung erworbene sein - psychische oder physische Probleme dazugesellen. Zu den speziellen Förderungen im pädagogisch-didaktischen Bereich müssen individuell Interventionen durch den Psychologen, Mediziner, Ergotherapeuten, Logopäden etc. erfolgen.

Haben alle legasthenen Kinder eine Konzentrationsstörung und sind alle legasthenen Kinder auch hyperaktiv?

Häufig werden die Begleitsymptome einer Legasthenie, wie die Unaufmerksamkeit oder die Unruhe, als Krankheitsbilder gedeutet. Tatsächlich ist die Unaufmerksamkeit legasthener Kinder beim Schreiben und Lesen ein Ausdruck dafür, dass sie mit der angebotenen

Methode nicht das Auslangen finden, diese wird manchmal noch von einer Unruhe begleitet, die auch nur Ausdruck dafür ist, nicht das leisten zu können, was verlangt wird. Diese Begleitsymptome treten mit Schulbeginn oder erst später auf.
Natürlich kann man aber nicht generell ausschließen, dass auch einige legasthene Kinder noch zusätzlich die echten Krankheitsbilder der Konzentrationsschwäche und der Hyperaktivität aufweisen. Beide zeigen sich aber zumeist schon vor Schulbeginn.

Wie unterscheidet man Wahrnehmungsfehler von Rechtschreibfehlern?

Das ist für den Laien tatsächlich ein wenig schwierig. Wahrnehmungsfehler entstehen, wie schon der Name sagt, durch die differenten Sinneswahrnehmungen des legasthenen Menschen im Moment, wenn das Wort geschrieben oder gelesen wird.

Wahrnehmungsfehler passieren zumeist bei schon häufig verwendeten und bekannten Wörtern. Rechtschreibfehler entstehen entweder aus mangelndem Regelwissen oder überhaupt wegen der Unkenntnis des Wortes.

Ist man ein Leben lang Legastheniker?

Man kann eine Legasthenie mit spezieller Förderung sehr gut überwinden, tatsächlich bleibt sie aber ein Leben lang bestehen. Da Legastheniker nicht immer nur auf Menschen treffen, von denen sie verstanden werden, müssen sie lernen, viel Toleranz gegenüber ihrer Umwelt aufzubringen und sehr oft Unwissenden ihr manchmal ungerechtes Verhalten zu verzeihen.

Wie hoch ist die Anzahl der von Legasthenie betroffenen Menschen?

Eine genaue Anzahl der Betroffenen ist sehr schwer zu eruieren, da die Dunkelziffer der Fälle, die ihr ganzes Leben nicht als Legastheniker erkannt werden, sehr hoch ist. Doch wird die Anzahl der Betroffenen heute auf etwa 15% der Weltbevölkerung geschätzt.

Welche allgemeine Unterstützung benötigt der legasthene Mensch?

Nicht nur das rechtzeitige Erkennen der Legasthenie und die individuelle Förderung sind Voraussetzungen für den angestrebten Erfolg, sondern von größter Wichtigkeit ist, dass das legasthene Kind in seiner Umgebung auf weitreichendes Verständnis für seine Problematik trifft.

Welche Methode hat sich in der Förderung besonders bewährt?

Da das Problem der Legasthenie individuell und unterschiedlich ist, so muss auch die Förderung und Hilfe vielschichtig sein. Es gibt keine in sich abgeschlossene Methode, die in jedem Fall zum Erfolg führt!
Wichtig ist, dass die Förderung nicht einseitig durch Üben am Symptom, d.h. durch alleiniges verstärktes Schreiben- und Lesenüben passiert, sondern dass Interventionen zur Schärfung der Sinneswahrnehmungen und Stärkung

der Aufmerksamkeit unternommen werden. Das ist die Grundlage des Erfolgs. Diplomierte Legasthenietrainer stützen ihre Arbeit hauptsächlich auf die AFS-Methode, die alle Bereiche trainiert, in denen das legasthene Kind mit einer Primärlegasthenie Schwierigkeiten hat. Die AFS-Methode ist eine völlig offene Methode. Jedes Programm, jedes Konzept, welches zu Verbesserungen der Leistungen bei legasthenen Kindern führt, kann integriert werden, solange die Grundzüge - Schärfung der Sinneswahrnehmungen, Verbesserung der Aufmerksamkeit beim Schreiben und Lesen und ein spezielles Symptomtraining - gewahrt bleiben.

Warum reicht eine vermehrte Übung im Schreib-, Lese- und Rechenbereich nicht aus?

Weil die Fehler beim Schreiben und Lesen lediglich die Symptome einer Legasthenie sind, aber nicht die Ursache. So ist erfahrungsgemäß der Erfolg ziemlich unergiebig, wenn man nur an den Symptomen, jedoch nicht an den Ursachen arbeitet. Dafür entsteht aber beim Kind viel Frust, weil die Erfolge ausbleiben.

Sind technische Hilfsmittel für legasthene Kinder ein Vorteil?

Der Computer ist ein Hilfsmittel, das viele Vorteile für das legasthene Kind in sich birgt. Der Markt hat in der letzten Zeit viele technische Hilfsmittel hervorgebracht, die zumeist mit hohen Kosten verbunden sind. Es gibt aber kein technisches Hilfsmittel, welches in allen Fällen helfen würde. Grundsätzlich sind stets alle technischen Hilfsmittel als zusätzliche zu betrachten und nicht als Ersatz für eine individuelle Förderung.

Haben legasthene Kinder auch mit Fremdsprachen Probleme?

Nicht generell, doch zeigen sich leider bei vielen legasthenen Kindern auch Probleme in den Fremdsprachen.

Wer hilft und unterstützt Eltern bei der Förderung?

Fachliche Hilfe finden Eltern bei diplomierten Legasthenietrainern, die sowohl im innerschulischen als auch im außerschulischen Bereich arbeiten. Für ein erfolgreiches Training ist die Zusammenarbeit zwischen den betroffenen Kindern, Eltern, Lehrern und Spezialisten unbedingt notwendig. Eltern von legasthenen Kindern sollten immer aktiv in die Förderung eingebunden werden. Die effizienteste Förderung beginnt im Elternhaus, und sie beginnt mit dem nötigen Verständnis für diese Kinder, dann bleiben auch die den Erfolg störenden Spannungen aus.

Wer kommt für die Kosten einer außerschulischen Förderung auf?

Leider gibt es da im deutschsprachigen Raum keine einheitlichen Richtlinien. In Österreich gibt es theoretisch die Möglichkeit, eine erhöhte Kinderbehilfe zu bekommen. Die Erfolgschancen, diese auch tatsächlich zu bekommen, sind aber aus verschiedenen Gründen gering. In Deutschland bezahlen unter bestimmten Voraussetzungen die Jugendämter eine Förderung.

Warum kann nicht jeder Lehrer eine Legasthenie/ Dyskalkulie erkennen?

Weil jeder Lehrer gegenüber der Problematik sensibilisiert werden müsste, und das ist bisher noch nicht ausreichend geschehen. Lehrer, die über die Problematik aber ausreichend informiert sind, entwickeln einen sehr positiven Umgang mit den Kindern. Schließlich wird auch in der Notengebung Rücksicht auf die Probleme der Kinder genommen. Tatsächlich lassen die Schulgesetze in der Beurteilung einem wohlwollenden Lehrer viele Freiheiten. Da sind gar keine so oft geforderten speziellen Gesetze notwendig. Ein Notenschutz ist eher abzulehnen, dies würde eher zu einer Ausgrenzung führen. Man kann legasthenen Kindern auch anders den Druck nehmen und sie psychisch entlasten. Wichtig ist aber das Klarstellen der Anforderungen des Lehrers an den Schüler, damit ein völliges "Sichhängenlassen" nicht erfolgt. Die Beurteilung der mündlichen Leistungen sollte in den Vordergrund rücken, und die stetige Verbesserung in der Rechtschreibung, die natürlich auch bei individueller Förderung nur sehr langsam erfolgt, kann ruhig gefordert werden.

Warum hört man oft im Zusammenhang mit der Legasthenie von Schwäche, Störung, Krankheit oder gar Behinderung?

Da Legasthenie lediglich von der WHO in der ICD-10 als Krankheit definiert wird, aber keine Krankenkasse irgendeine Förderung auf pädagogisch-didaktischer Ebene bezahlt, sollte man davon Abstand nehmen, dass man im Zusammenhang mit einer Primärlegasthenie, von der die meisten Kinder betroffen sind, von Krankheit, Störung, Schwäche oder gar Behinderung spricht, um einen definitiven Widerspruch zu verhindern. Deshalb ist auch ein Wort wie Heilmethode oder Therapie in diesem Zusammenhang nicht angebracht.

In erster Linie fällt die Legasthenie in den Bereich des Pädagogen, sprich Lehrer. Hier sollte das legasthene Kind, welches lediglich unter einer Primärlegasthenie leidet, ausreichende Hilfe bekommen. Wird die Legasthenie als solche aber zu spät erkannt und kommen bereits psychische Faktoren ins Spiel - dies kann auch durch schon vorhandene andere Sekundärproblematiken passieren - oder kommen physische Probleme dazu, so spricht man von einer Sekundärlegasthenie. Diese ist schließlich auch von zusätzlichen Interventionen durch den Psychologen oder Mediziner geprägt.

Warum stößt man als Interessierter auf so verschiedene Auffassungen in Fachkreisen?

Dazu trägt vor allem die historische Entwicklung bei. Vor mehr als einhundert Jahren waren die Mediziner die Ersten, die sich für die Thematik zu interessieren begannen, und erst nach den Psychologen rückte diese auch für Pädagogen in den Mittelpunkt, weil man nun die Relevanz der Intervention durch die pädagogisch-didaktische Ebene erkannte. Doch bis heute ist es weder gelungen, eine ausreichende und vor allem positive Zusammenarbeit zwischen den verschiedenen Berufsgruppen zu erreichen, noch eine klare Linie zu ziehen, wo die Interventionen durch den Pädagogen nicht mehr ausreichen und die des Psychologen oder Mediziners einsetzen müssen. Es gibt nicht einmal eine Vereinheitlichung der Begriffe. Allein schon auf der Feststellungsebene kommt es zu Unstimmigkeiten, wobei der Psychologe und Mediziner die Legasthenie stets als Schwäche, Störung, Krankheit oder Behinderung ansieht, damit auch sein Einschreiten gerechtfertigt ist. Nicht selten werden Diagnosen von Psychologen durch den Mediziner in Zweifel gezogen oder Gutachten von Pädagogen durch den Psychologen oder Mediziner und so fort. Leidtragende sind die Kinder, die durch ein völlig uneinheitliches Vorgehen nicht selten ihr gesamtes Schulleben um wichtige Interventionsmaßnahmen gebracht werden.

Warum suchen viele Eltern zuerst beim Mediziner oder Psychologen Rat und Hilfe?

Leider werden zu viele legasthene Kinder erst erkannt, wenn sie schon emotionale Probleme zeigen. Manche Kinder beginnen durch die Überforderung in der Schule eigenartige Verhaltensweisen an den Tag zu legen, die zu diesem Zeitpunkt aber noch nicht als krankhaft bezeichnet werden können. Sie reagieren mitunter unaufmerksam und unruhig. Schnell wird der falsche Schluss gezogen, die Kinder haben durch ihr Verhalten Schwierigkeiten mit dem Schreiben und Lesen. Tatsächlich vollzieht sich der Vorgang genau umgekehrt. Durch die Überforderung in der Schule und ihre besonderen pädagogisch-didaktischen Ansprüche, das Schreiben und Lesen zu erlernen, die aber nicht erfüllt werden, zeigen sie ein eigenwilliges Verhalten. Leider denkt in dieser Situation zu selten jemand daran, dem Kind die von ihm benötigten pädagogisch-didaktischen

Anforderungen zu erfüllen, sondern sie werden zum Arzt oder Psychologen gebracht. Da es in keinster Weise einheitliche Feststellungsrichtlinien auf psychologischer oder medizinischer Ebene gibt, die auch pädagogische Aspekte beinhalten würden, beginnt für viele legasthene Kinder ein endloser Weg, der von zahlreichen Therapien begleitet wird. Tatsächlich bekommen manche aber nie auch den dringend benötigten pädagogisch-didaktischen Ansatz. Der umfassende Erfolg bleibt ihnen schließlich auch versagt. Daraus ergibt sich auch sehr oft der niedrige Schulabschluss, der in keinem Verhältnis zu den kognitiven Fähigkeiten des Kindes steht.

Wer ist von zentraler Bedeutung für die Feststellung, Beratung und Förderung?

Der Schule sollte diese zentrale Bedeutung zukommen, denn die Pädagogen sind immer die ersten Personen, die auf legasthene Kinder stoßen. Spezialisten müssten in jeder Schule vorhanden sein und in Kooperation mit den Kollegen und den Eltern den Kindern auf pädagogisch-didaktischer Ebene helfen. Tatsächlich benötigen die Klassenlehrer in der Grundschule sehr oft zusätzliche Hilfe, da sie in vielen Fällen damit völlig überfordert wären, alleine den Kindern zu helfen, weil die Problematik der Legasthenie zu vielschichtig ist und manche Kinder sehr hohe Ansprüche an die individuelle Förderung stellen.

Warum gibt es Menschen, die in Frage stellen, ob es eine Legasthenie überhaupt gibt?

Das passiert aus verschiedenen Gründen. Einerseits möchten sich damit einige Menschen, weil die Problematik so kompliziert und vielschichtig ist, gar nicht beschäftigen. Andererseits verleugnen sie manche auch, damit sie keine Interventionen setzen müssen, denn etwas, das es gar nicht gibt, braucht man auch nicht zu beachten.

Warum werden die besonderen Fähigkeiten der legasthenen Kinder immer ignoriert?

Weil nicht die allgemeinen besonderen Fähigkeiten und Leistungen der Kinder in der Schule eine vorrangige Rolle spielen, sondern die Leistungen im Schreiben, Lesen und Rechnen, und weil man die Intelligenz eines Menschen häufig an dem Schreib-, Lese- und Rechenvermögen misst, was natürlich völlig falsch ist. Und bei diesem Maßstab wird es dem legasthenen Menschen wirklich schwer gemacht, viele seiner anderen Fähigkeiten, die zumeist an nicht legasthenen Menschen gemessen überdurchschnittlich sind, ins richtige Licht zu rücken. Sie haben eben keine Bedeutung.

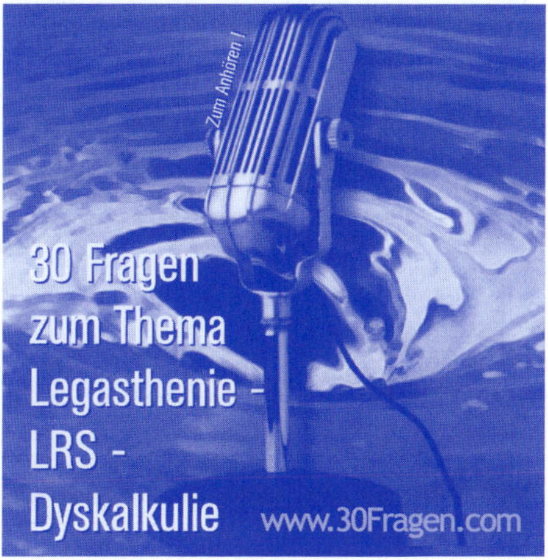

Nachwort

Es ist nicht leicht, kurz und bündig über ein sehr komplexes und auch kompliziertes Thema, wie die Legasthenie oder auch die Dyskalkulie eines ist, zu schreiben. Es wurde trotzdem versucht, für jeden verständlich alle Daten und Fakten in komprimierter Form zu beleuchten. Vielleicht haben Sie in der Beschreibung der verschiedenartigen Eigenschaften der legasthenen oder dyskalkulen Menschen einen Ihnen nahe stehenden Menschen wiedererkannt.

Scheuen Sie sich nicht davor, sollten noch keine speziellen erfolgreichen Hilfestellungen geleistet worden sein, ihm diese so schnell wie möglich zukommen zu lassen.

Je früher eine gezielte Hilfe einsetzt, desto besser sind die Erfolge. Es ist aber bei jedem Legasthenie- und Dyskalkulietraining sehr viel Geduld erforderlich. Nur ein konsequentes und nachhaltiges Training wird zum Ziel führen. Vermeiden Sie, mit legasthenen oder dyskalkulen Menschen übermäßig im Schrift- und Lesebereich oder im Rechenbereich, also im Symptombereich, zu üben. Dies allein wird nicht die gewünschten Ergebnisse bringen. Wichtig ist vielmehr, auch die Aufmerksamkeit und die Sinne zu trainieren. Diese Menschen brauchen mehr Motivation und Verständnis als jeder andere. Auf besondere Fallbeispiele wurde bewusst verzichtet, da jedes legasthene oder dyskalkule Kind einzigartig in seiner Persönlichkeit ist. Deshalb wurde nur allgemein über die Stärken und Schwächen dieser Menschen berichtet.

Bedauerlich ist, dass wir die besonderen Gaben dieser Menschen für uns alle viel zu wenig nützen. Es ist nur die Frage, wie lange sich eine Gesellschaft dies leisten kann.

"... In der Grundschule unterscheiden sich die Schüler, insbesondere die Schulanfänger, hinsichtlich des Entwicklungsstandes, des Sozialverhaltens, der Kommunikationsfähigkeit, der Selbstständigkeit, der Interessen, der Motivation, des Vorwissens, der Lernfähigkeit, der Arbeitshaltung, u.a., wie kaum in einer anderen Schulart. Diese Unterschiede müssen erkannt, beachtet und zum Ausgangspunkt für differenzierte Lernangebote und differenzierte Lernanforderungen gemacht werden. Eine verantwortungsvolle Berücksichtigung der Unterschiede schafft die Voraussetzungen für erfolgreiches Lernen aller Schüler und hilft mit, Über- bzw. Unterforderungen möglichst zu vermeiden. Ein das Lernen fördernder Unterricht soll in einer pädagogischen Atmosphäre von Ermutigung und Erfolgszuversicht, Geduld und Güte, Vertrauen und Verständnis, gegenseitiger Achtung und Rücksichtnahme erfolgen. Dies erfordert vom Lehrer, dass er sich um die bestmögliche Förderung jedes einzelnen Schülers bemüht ..." (Lehrplan der Volksschule, 8. Auflage, Wien 1997, S. 44f.)

Legasthenen und dyskalkulen Kindern Verständnis entgegenzubringen, ihren Zustand nicht als trägen, minderwertigen Geisteszustand abzutun bzw. dem Vorurteil des "Faulseins" aufzusitzen, ist der erste und wichtigste Schritt. Anzuerkennen, dass diese Menschen eben bis zu zwei Jahre oder länger brauchen, um zum Beispiel die Buchstaben zu erlernen. Anzuerkennen, dass sie anders reagieren als die restlichen 85 Prozent der Kinder und dass sie andere Anforderungen in ihrer besonderen Lernfähigkeit haben. Ihre Eigenheiten und emotionalen Zustände richtig zu deuten, ist eine Voraussetzung dafür, mit ihnen produktiv arbeiten zu können. Ihnen zum Beispiel zu glauben, dass tatsächlich die Buchstaben beim Lesen verschwimmen oder hüpfen, wodurch Übelkeit oder Kopfschmerzen hervorgerufen werden können, und dies nicht nur als Ausrede abzutun.

Zu akzeptieren, dass alles, was ein Mensch nicht leicht tut, er auch nicht gerne tun wird. Diesen Kindern deshalb zu ermöglichen, nach ihren Bedürfnissen das Schreiben, Lesen und Rechnen zu erlernen, denn tatsächlich ist es den meisten legasthenen oder dyskalkulen Menschen möglich.

Da sich die Legasthenie oder Dyskalkulie auch mit der Pubertät, wie früher angenommen wurde, nicht auswächst, und mindestens 15 Prozent der gesamten Menschheit, ein von der International Dyslexia Association kolportierter Prozentsatz, betroffen sind, sollte man dieses Phänomen im Interesse der darunter leidenden Menschen nicht einfach als "Modeerscheinung" abtun. Legasthenie und auch die Dyskalkulie ist nach den

neuesten wissenschaftlichen Erkenntnissen hauptsächlich genbedingt, wird also vererbt, und kann durch positive wie auch negative Einflüsse, die im Laufe des Lebens auf den legasthenen und dyskalkulen Menschen einwirken, im Rahmen gehalten oder unerträglich verstärkt werden.
Bitte helfen auch Sie mit, Information über die Legasthenie und die Dyskalkulie weiterzugeben. Die betroffenen Menschen werden es Ihnen danken, wenn man sie nun endlich besser versteht.

→ **Aufzeigen von Daten und Fakten erfolgte in komprimierter Form**
→ **Stärken und Schwächen dieser Menschen verstehen**
→ **Lehrer können helfen, wenn sie die besonderen Anforderungen verstehen**
→ **Alles, was der Mensch nicht leicht machen kann, macht er nicht gerne**
→ **Legasthenie ist keine Modeerscheinung**
→ **120 Jahre internationale Legasthenieforschung**
→ **Positive und negative Faktoren entscheiden**

Machen wir Schluss mit dem Vorurteil Legasthenie = Dummheit!

Literaturliste

Beins, Hans Jürgen; Cox, Simone: Die spielen ja nur!? Dortmund 2001.
Bertrand, Lucien; Eggert, Dietrich: RZI – Raum-Zeit-Inventar. Dortmund 2002.
Bliem, Siegfried: Knoten im Kopf. Innsbruck 2005.
Breitfeld, Silke; Pangerl, Werner: Buchstabenlehrgang mit dem ABC-Zoo. Dortmund 2002.
Buca, Eveline: Spukefix hilft sehen. Wien 2000.
Buchner, Christina: Disziplin – Kein Schnee von gestern, sondern Tugend von morgen. Freiburg 2006.
Buchner, Christina: Neues Lesen - neues Lernen. Freiburg 2003.
Burger-Gartner, J.; Heber, D.: Auditive Verarbeitungs- und Wahrnehmungsleistungen bei Vorschulkindern. Dortmund 2003.
Diller, Lawrence H.: ADS & Co. Braucht mein Kind Medikamente? Düsseldorf 2003.
Dürre, Rainer; Dürre, Miriam: ADS, Legasthenie und Co. Freiburg 2004.
Dürre, Rainer: Legasthenie - das Trainingsprogramm für Ihr Kind. Freiburg 2000.
Dürre, Rainer: Rechenschwäche – das Trainingsprogramm für Ihr Kind. Freiburg 2001.
Ebhardt, Agnes; Ebhardt, Frauke: Neue fröhliche Wege aus der Dyskalkulie. Dortmund 2004.
Ebhardt, Agnes: Fröhliche Wege aus der Dyskalkulie. Dortmund 2002.
Eggert, Dietrich; Reichenbach, Christina: DIAS – Diagnostisches Inventar auditiver Alltagshandlungen. Dortmund 2005.
Eggert, Dietrich: Theorie und Praxis der psychomotorischen Förderung. Dortmund 2005.
Eggert, Dietrich; Wegner-Blesin, Nicola: Ditka. Diagnostisches Inventar taktil-kinästhetischer Alltagshandlungen von Kindern im Vorschul- und Grundschulalter. Dortmund 2000.
Frank, Robert: The Secret Life of the Dyslexic Child. USA 2002.
Galaburda, Albert: The Languages of the Brain. Harvard 2002.
Goldstein, Nicole; Quast, Marianne: ABC für die Sinne. Dortmund 2003.
Gröne, Berthold; Engl, Eva-Maria; Kotten, Anneliese; Ohlendorf, Ingeborg; Poser, Elfi: Bildmaterial zum Spracherwerb. Dortmund 2000.
Haase, Peter (Hrsg.): Schreiben und Lesen sicher lehren und lernen. Dortmund 2000.

Hager, Christine: Legasthenie und Rechtschreibschwäche. Machen wir das Beste draus! Schweiz 2007.

Haider, Claudia: Lese-Rechtschreib-Training 1, Optik, Akustik, Raumorientierung, Serialität, Intermodalität. Wien 2001.

Heinig, Jutta: Familie Pfeffer. Auf und davon. Lesebuch für legasthene Kinder. München 2004.

Hellwig, Nina: Mit Montessori Legasthenie behandeln. Augsburg 2009.

Herrmann-Strenge, Andrea: Laute Flaute - Stiller Sturm. Praxisbausteine zum Hören und Hinhören. Dortmund 2003.

Höfkes, Anke; Trahe, Ursula; Trepte, Anne: Alltagssituationen spielend meistern. Dortmund 2002.

Hohl-Brunner, Ursula: Buchstabensuppe und Zahlensalat. Freiburg 2003.

Huber, Isabella; Giezendanner, Claudia: Oh je, die Spitze ist abgebrochen! Dortmund 2002.

Jackel, Birgit: Lustige Sinnesgeschichten für kleine und große Leute. Dortmund 2003.

Junga, Michael: Spiel und Spaß mit Wörtern. Dortmund 2000.

Iwansky, Rainer: Rechtschreiben o.k. – trotz LRS. Offenburg 2001.

Kannegießer-Leitner, Christel: Das ADS-Schnellprogramm für zu Hause. Berlin 2002.

Keller, Georg: Körperkonzentriertes Gestalten und Ergotherapie. Dortmund 2001.

Kiphard, Ernst J.: Motopädagogik. Dortmund 2001.

Kiphard, Ernst J.: Wie weit ist ein Kind entwickelt? Dortmund 2002.

Kiesling Ulla; Klein, Jochen: Inge Flehmig - Sensorische Integration. Dortmund 2002.

Kiesling, Ulla: Sensorische Integration im Dialog. Dortmund 2000.

Köckenberger, Helmut: Hyperaktiv mit Leib und Seele. Dortmund 2001.

Kopp-Duller, Astrid: Legasthenie - Training nach der AFS-Methode. Klagenfurt 2008.

Kopp-Duller, Astrid: Legasthenie und LRS. Ein praktischer Ratgeber für Eltern. Freiburg 2003.

Kopp-Duller, Astrid; Pailer-Duller, Livia R.: Legasthenie - Dyskalkulie!? Klagenfurt 2008.

Kopp-Duller, Astrid; Pailer-Duller, Livia R.: Training der Sinneswahrnehmungen im Vorschulalter. Klagenfurt 2008.

Kopp-Duller, Astrid; Pailer-Duller, Livia R.: Dyskalkulie - Training nach der AFS-Methode. Klagenfurt 2009.

Kopp-Duller, Astrid; Pailer-Duller, Livia R.: Legasthenie im Erwachsenenalter. Klagenfurt 2009.
Krowatschek, Dieter: ADS und ADHS - Diagnose und Training. Dortmund 2003.
Liepold, Michaela; Ziegler, Wolfram; Brendel, Bettina: Hierarchische Wortlisten. Dortmund 2002.
Luger-Linke, Silvia: Legasthenie: Last oder Chance. Rohrbach 2004.
Luger-Linke, Silvia: Rechenschwäche. Rohrbach 2005.
Maaß, Silvia: Stärken entdecken - Schwächen erkennen. Ein Förderprogramm für Vorschulkinder. Dortmund 2004.
Mertens, Krista: Lernprogramm zur Wahrnehmungsförderung. Dortmund 2001.
Metzler, Beate: Hilfe bei Dyskalkulie. Dortmund 2001.
Milz, Ingeborg: Neuropsychologie für Pädagogen. Neuropädagogik für die Schule. Dortmund 2002.
Müller, Michael: Gehirngerechte Rechtschreibstrategien. 2 Bände. Mainz 2002.
Nickisch, Andreas; Heber, Dolores; Burger-Gartner, Jutta: Auditive Verarbeitungs- und Wahrnehmungsstörungen bei Schulkindern. Dortmund 2001.
Pagel, Karin: Jede/r lernt anders. Freiburg 2000.
Polivka, Eva: Die abenteuerliche Buchstabenreise des Prinzen Sahir. Pressbaum 2003.
Pregl, Helga: Legasthenie 2000. Klagenfurt 2000.
Quante, Sonja: Was Kindern gut tut! Dortmund 2003.
Raschendorfer, Nicola: LRS - Legasthenie: Aus Fehlern wird man klug. Mühlheim 2004.
Raschendorfer, Nicola; Zajicek, Sabine: Dyskalkulie – Wo ist das Problem? Mühlheim 2006.
Reimann-Höhn, Uta: ADS - So stärken Sie Ihr Kind. Freiburg 2001.
Reimann-Höhn, Uta: Keine Angst vor Klassenarbeiten. Berlin 2003.
Rieck, Gottlob: ABC zum Anmalen. Dortmund 2002.
Rieck, Gottlob: Lustige ABC-Geschichten. Dortmund 2002.
Schäfer, Ingrid: Graphomotorik für Grundschüler. Dortmund 2001.
Schönrade, Silke; Limbach, Raya: Die Abenteuer der Hexe im Buchstabenland. Dortmund 2005.
Schweizer, Laura: Benis Weg in die Verzweiflung. Biografie eines Legasthenikers. Frankfurt/Main 2004.
Shaywitz, Sally E.: Dyslexia: A scientific American Article. Ibooks 2002.

Shaywitz, Sally E.: Overcoming Dyslexia. Massachusetts 2003.

Sinnhuber, Helga: Sensomotorische Förderdiagnostik. Dortmund 2000.

Sinnhuber, Helga: Spielmaterial zur Entwicklungsförderung. Dortmund 2005.

Skrodzki, Klaus; Mertens, Krista: Hyperaktivität. Dortmund 2000.

Strydom, Jan; du Plessis, Susan: The Right to Read. Pretoria 2000.

Trapmann, Hilde; Rotthaus, Wilhelm: Auffälliges Verhalten im Kindesalter. Dortmund 2003.

Venohr, Dorothee: Integrative Montessori-Pädagogik. Dortmund 2002.

Weichold, Bettina Irene: Bewegungsfluss. Atmung und Bewegung in Balance. Dortmund 2001.

Williams, Mary Sue; Shellenberger, Sherry: Wie läuft eigentlich dein Motor? Dortmund 2001.

Wischmeyer, Marietta: Das Finden der Sinne. Dortmund 2000.

Wurm, Roswitha; Marcini, Gabriele: Akustikspiele – Richtig hören und verstehen. Wien 2007.

Wurm, Roswitha; Marcini, Gabriele: Kinder fördern leicht gemacht. Akustikspiele – Richtige Reihen bilden. Wien 2007.

Zander, Gisela: Besser Englisch lernen trotz Lese-Rechtschreib-Schwäche. Mühlheim 2002.

Zander, Gisela: LRS-Förderung im Englischunterricht. Mühlheim 2002.

Adressen

Erster Österreichischer Dachverband Legasthenie
A-9020 Klagenfurt, Feldmarschall Conrad Platz 7
Austria
http://www.legasthenie.at
office@legasthenie.at
Tel/Fax: 0043 463 55660

Kärntner Landesverband Legasthenie
A-9020 Klagenfurt, Feldmarschall Conrad Platz 7
Austria
http://www.legasthenie.com
office@legasthenie.com
Tel/Fax: 0043 463 55660

Wiener Landesverband Legasthenie
Schottenfeldgasse 40
A-1070 Wien

Dachverband Legasthenie Deutschland
Kurstraße 35
D-14776 Brandenburg

American Dyslexia Association
442 S. Tamiami Trail
Oprey, FL 34229
USA

International Dyslexia Association
8600 La Salle Road
Baltimore, MD 2186
USA

European Dyslexia Association
Avenue Charles Woeste 38 Bt. 7
1090 Brussels, Belgium

Martina Mustermann
Reg. Nr. 3968
Diplomierte Legasthenie- & Dyskalkulietrainerin des EÖDL

EÖDL
Erster Österreichischer Dachverband Legasthenie
ADA ®
Austrian Dyslexia Association

Der AFS-Test ist ein Computertest, ein Pädagogisches Dyslexia Screening Verfahren zur Feststellung einer eventuell vorliegenden Legasthenie, LRS und/oder Dyskalkulie, Rechschwäche

Dieses pädagogische Testverfahren wurde im Forschungszentrum DRC, dem Dyslexia Research Center USA, unter Mitwirkung von Frau Dr. Astrid Kopp-Duller entwickelt.

Der Test wurde für den deutschen, englischen, französischen, niederländischen, spanischen und türkischen Sprachraum adaptiert.

tperson
um
ße
tleitzahl
efon
er
ulstufe
ntakt

AFS-Computertest

Dyslexia Research Center
Europe
www.legasthenie.eu

Pädagogisches Testverfahren zur Feststellung einer eventuell vorliegenden Legasthenie/LRS und/oder Dyskalkulie/Rechenschwäche

Aufmerksamkeitstest

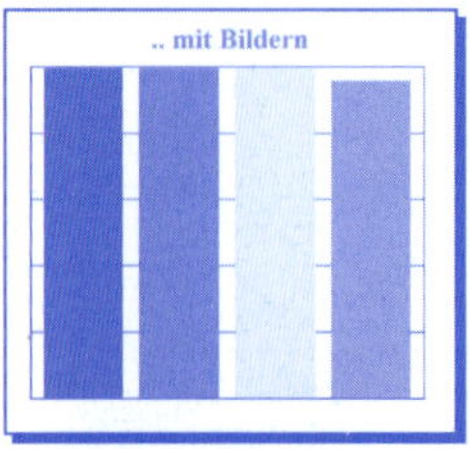

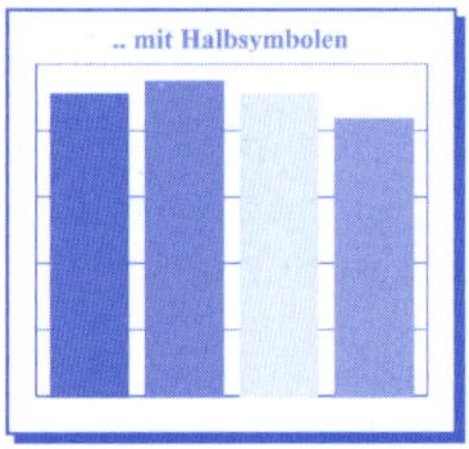

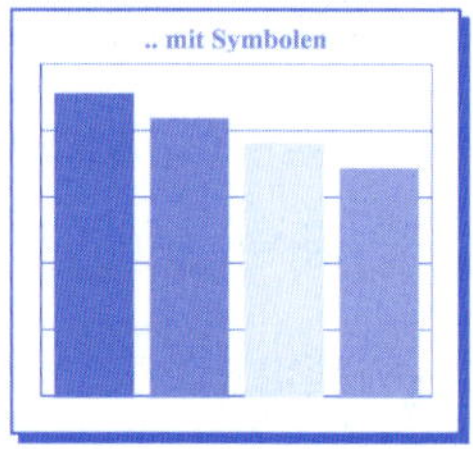

Funktionstest

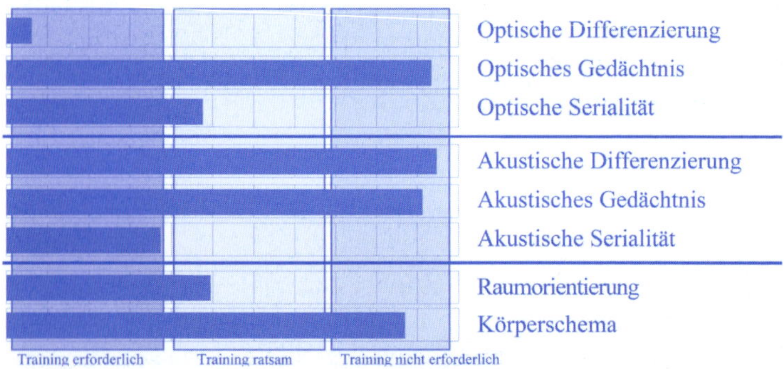

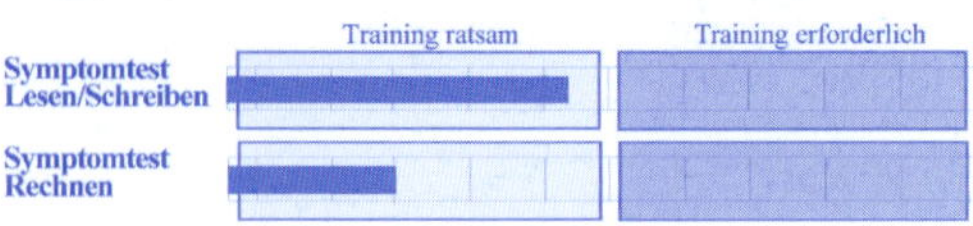

Stempel, Unterschrift, Datum
Martina Mustermann
Diplomierte Legasthenie- & Dyskalkulietrainerin
EÖDL ADA ®

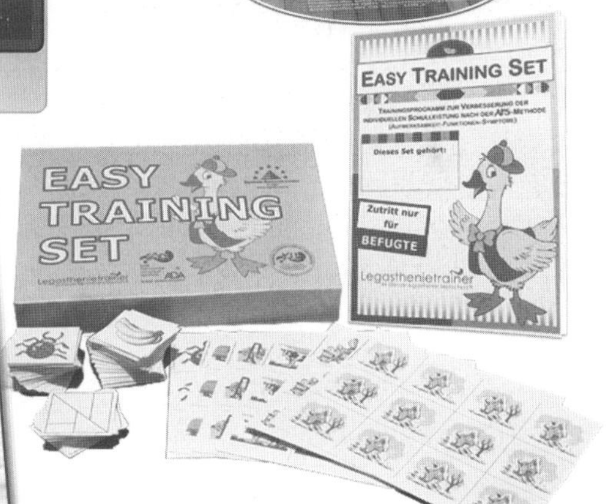

Mit dem AFS-Test kann automatisch ein **Trainingsplan** für das Legasthenie- & Dyskalkulietraining erstellt werden. Dieser ist unter anderem speziell auf das **Easy Training Set** abgestimmt.

Weiters kann ein **Trainingsbuch** individuell erstellt werden. Dieses durch den diplomierten Legasthenie- & Dyskalkulietrainer geprüfte Booklet beinhaltet eine Vielzahl von Arbeitsblättern für das tägliche Training.

Diese und **weitere einzigartige Werkzeuge** stehen StudentInnen und AbsolventInnen der Fernstudien zur Verfügung. Die Software dafür läuft auf Windows, Apple und Linux.

Fernstudium zum diplomierten

Legasthenietrainer

Im Dienste legasthener Menschen!®

Internationale Ausbildung mit Teilnehmern aus 42 Ländern

In diesem Fernstudium sind vier Module (ca. 600 Seiten) mit Inhalten aus den Bereichen der Pädagogik, Medizin, Psychologie, Ergotherapie etc. sowie Trainingsvideos auf DVD und Computer CD-Roms mit Legasthenieprogrammen inkl. Collegetasche enthalten.

Neben der Vermittlung von Theorie wird ein besonderer Schwerpunkt auf die pädagogisch-didaktischen Kenntnisse für die Praxis gelegt. Jeder Teilnehmer wird durch einen persönlichen Studienassistenten unterstützt.

Spezialisten mit dieser Ausbildung sind in 42 Ländern in staatlichen und anderen Institutionen gefragt, weil den Verantwortlichen bekannt ist, dass ausgezeichnete Arbeit geleistet wird. Diplomierte Legasthenietrainer/innen arbeiten schulisch und außerschulisch auf pädagogisch-didaktischer Ebene sehr erfolgreich mit Kindern, Jugendlichen und Erwachsenen, die Schreib- und/oder Leseprobleme oder mit Kleinkindern, welche differente Sinneswahrnehmungen haben.

Die Studienzeit beträgt acht Monate und kann auf maximal zwei Jahre ausgedehnt werden. Die Studienkosten betragen **€ 1090,-**
(oder acht Raten zu á € 146,- oder 16 Raten zu á € 73,-).

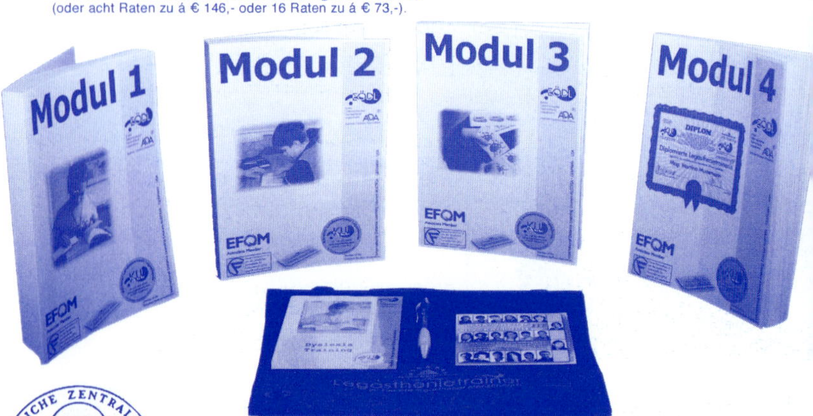

STAATLICHE ZENTRALSTELLE FÜR FERNUNTERRICHT
ZUGELASSEN
NR.: 662901

Dyslexia Research Center Europe www.legasthenie.eu

DVLD

Dyslexia Research Center

Fernstudium zum diplomierten Dyskalkulietrainer

Im Dienste dyskalkuler Menschen!

Neu seit 1. Januar 2010

Nach umfangreicher Vorbereitung mit hervorragenden Experten aus der Praxis und unserer Ausbildungserfahrung möchten wir das Fernstudium zum/zur diplomierten Dyskalkulietrainer/in vorstellen. Das Ziel ist es, Pädagogen für das Training mit dyskalkulen/rechenschwachen Kindern besser und umfangreicher vorzubereiten. Dieses Fernstudium ist unabhängig vom Fernstudium zum/zur diplomierten Legasthenietrainer/in und kann seit ab sofort als Vollfernstudium absolviert werden.

Anmeldungen sind Online ab sofort möglich.

Das Fernstudium zum diplomierten Dyskalkulietrainer umfasst einen theoretischen Teil, dabei sind 4 Module (780 Seiten, 250 Stunden) zu absolvieren, und einen praktischen Teil (50 Stunden), wobei 20 Trainingsstunden mit Betroffenen durchgeführt und dokumentiert werden müssen.

Die Studienzeit beträgt acht Monate und kann auf maximal zwei Jahre ausgedehnt werden.
Die Studienkosten betragen **€ 1090,-**
(oder acht Raten zu á € 146,- oder 16 Raten zu á € 73,-).

Aufbaufernstudium zum diplomierten Dyskalkulietrainer

Im Dienste dyskalkuler Menschen!

Das Ziel des Aufbaufernstudiums ist es, **diplomierte Legasthenietrainer/innen** für das Training mit dyskalkulen/ rechenschwachen Kindern noch besser und umfangreicher vorzubereiten.

Die Studienzeit beträgt vier Monate und kann auf maximal ein Jahr ausgedehnt werden.
Die Studienkosten betragen **€ 545,-**
(oder vier Raten zu á € 146,- oder 8 Raten zu á € 73,-).

Legastheniefernstudium.com
Dyskalkuliefernstudium.com
Aufbaufernstudium.com

ÖSTERREICHISCHER MUSTERBETRIEB GÜTEZEICHEN CERTIFIED QUALITY Nr. 89.002 AUSTRIA

Weitere Bücher der Autorin

Jeder erwachsene Mensch muss das Schreiben und Lesen zumindest in den Grundzügen ausreichend beherrschen. Nach einer allgemeinen theoretischen Einführung in die Legasthenieproblematik, die es dem Betroffenen ermöglicht, sich mit dieser auseinanderzusetzen, wird besonderer Wert auf die Hilfestellung für ein gezieltes praktisches Training gelegt.

The authors, Dr. Astrid Kopp-Duller and Livia R. Pailer-Duller, describe in this publication the necessity of intervention at the educational-didactic level, which is of preeminent importance for success in the training of people who have problems with reading, writing or calculating.

It is a fact that many people who simply have problems with learning how to read, write or do arithmetic continue to solely undergo psychological or medical therapy and don't receive the educational-didactic assistance, which they would actually need.

In cases of problems with reading, writing or calculating, only the specially trained educator will be able to help these people using educational methods, which were developed through educational-didactic research.

Wann spricht man von einer Legasthenie und warum lässt sich diese im Vorschulalter nicht feststellen? Eine Auflistung von Anzeichen, die auf differente Sinneswahrnehmungen schließen lassen. Übungen und Arbeitsblätter und für die gezielte Förderung von Kindern zwischen 4 und 7 Jahren. Die Testunterlagen und die Arbeitsblätter sind auf der beiliegenden CD-ROM enthalten.

Arbeitsbuch für Kinder mit Dyskalkulie oder Rechenschwäche. Praktisch wird vom Erlernen des Zahlbegriffes bis hin zu den Grundrechenarten methodisch vorgegangen.

Eine methodische Handreichung mit vielen praktischen Ideen für den Unterricht und das Training legasthener Kinder. Diesem Arbeitsbuch ist eine CD-ROM beigefügt. Alle Arbeitsblätter sind darauf enthalten und können ausgedruckt werden.

Internet-Links zu den Themen Legasthenie, LRS, Dyskalkulie und Rechenschwäche

EÖDL - Erster Österreichischer Dachverband Legasthenie
http://www.legasthenie.at
Österreichs größter Legasthenieverband mit Aktivitäten aus allen Bundesländern.

KLL - Kärntner Landesverband Legasthenie
http://kll.legasthenie.com
Die Nummer 1 Legasthenieseite im Netz, ständig aktualisiert mit News, Erlässen, Aktivitäten, bietet Rat und Hilfe für legasthene Menschen.

WLL - Wiener Landesverband Legasthenie
http://www.wll.at
Der Legasthenieverband für Wien und Niederösterreich bietet Hilfe in Ihrer Nähe.

DVLD - Dachverband Legasthenie Deutschland
http://www.DVLD.de
Deutschlands jüngster Legasthenieverband mit Aktivitäten aus allen Bundesländern.

Fernstudium zum diplomierten Legasthenietrainer des EÖDL
http://www.legastheniefernstudium.com
Umfassende Ausbildung für Interessierte. AbsolventInnen trainieren in über 45 Ländern weltweit erfolgreich mit legasthenen und lese-rechtschreibschwachen Menschen.

Fernstudium zum diplomierten Dyskalkulietrainer des EÖDL
http://www.dyskalkuliefernstudium.com
Umfassende Ausbildung für Interessierte, die mit dyskalkulen und rechenschwachen Menschen arbeiten möchten.

Fragen und Antworten für Legasthenie- und DyskalkulietrainerInnen
http://www.Fragen-und-Antworten.com
Für AbsolventInnen und TeilnehmerInnen der Fernstudien. Hier werden über 150 häufige Fragen beantwortet - mit integrierter Suchfunktion.

AFS-Test bei Legasthenie, LRS, Dyskalkulie und Rechenschwäche
http://www.dyslexiatest.com
Dieses bewährte pädagogische Testverfahren gibt Aufschluss.

Mein Trainingsbuch
http://www.trainingsbuch.org
Individuelles Trainingsbuch für Kinder erstellt von LegasthenietrainerInnen - individuell, abgestimmt, effizient.

Club der diplomierten Legasthenie- und DyskalkulietrainerInnen
http://club.legasthenietrainer.com
Forum mit Passwortzugang. Weltweit sind hier diplomierte Legasthenie- und DyskalkulietrainerInnen aus 45 Ländern vernetzt.

Legasthenie, LRS und Dyskalkulie Fachtagungen
http://www.Fachtagung.com
Seit 1996 finden Fachtagungen des EÖDL in Österreich und Deutschland statt. Lesen Sie nach, was unsere Referenten zu den Themen zu sagen haben.

Abonnement für Legasthenie- und DyskalkulietrainerInnen
http://abo.legasthenietrainer.com
Diplomierte Legasthenie- und DyskalkulietrainerInnen arbeiten mit den Abo-Leistungen vernetzt online im Test- und Trainingscenter. Die besten TrainerInnen mit den besten Werkzeugen!

Gratis DVD-ROM und CD-ROM "Legasthenie & Dyskalkulie"
http://www.Legasthenie-und-Dyskalkulie.com
Kostenlose DVD-ROM/CD-Rom mit Arbeitsblättern und Programmen. Einfach anfordern.

Arbeitsblätter und Materialien
http://www.arbeitsblaetter.org/ab.php
Diese kostenlose Sammlung ist im deutschsprachigen Raum einmalig. Es werden mehr als 10.000 Arbeitsblätter und Trainingsmaterialien angeboten.

Spiele für das Training
http://spiele.legasthenietrainer.com
Eine tolle Auswahl an über 300 Spielen zum Download. Setzen Sie die Spiele zur Motivation im Legasthenietraining ein.

Vortrag "Legasthenie / LRS / Dyskalkulie"
http://www.vortrag.org
Lehnen Sie sich zurück und gönnen Sie sich den 20-minütigen Vortrag zu den Themen "Legasthenie/LRS/Dyskalkulie" mit Ton und Bild. Viel Vergnügen!

30 Fragen zu den Themen Legasthenie/LRS/Dyskalkulie
http://www.30Fragen.com
Hören Sie sich das an! Hier werden 30 Fragen zu den Themen beantwortet. Auch als Audio-CD kostenlos erhältlich.

Diplomierte Legasthenie- und DyskalkulietrainerInnen des EÖDL
http://www.legasthenietrainer.com
http://www.dyskalkulietrainer.com
Sie suchen einen Spezialisten in Ihrer Nähe, suchen Sie nicht länger!

KLL Legasthenie Online-Shop
http://shop.legasthenie.com
Hier finden Sie Bücher, Trainingsmaterialien etc.